Albert Mantel

Theologie am Nachmittag:
erlöst durch Jesus Christus

ALBERT MANTEL

THEOLOGIE AM NACHMITTAG:
ERLÖST DURCH JESUS CHRISTUS

EDITION **NZN**
BEI **TVZ**

Theologischer Verlag Zürich

IMPRESSUM

Bibliografische Informationen der Deutschen Nationalbibliothek
Die Deutsche Nationalbibliothek verzeichnet diese Publikation
in der Deutschen Nationalbibliografie; detaillierte bibliografische
Daten sind im Internet über http://dnb.d-nb.de abrufbar.

ISBN 978-3-290-20068-8

Umschlaggestaltung: Simone Ackermann, Zürich
Aquarelle (Umschlag, Textteil): Albert Mantel
(verkäuflicher Privatbesitz)
Satz und Layout: Mario Moths, Marl
Druck: ROSCH Buch GmbH, Scheßlitz

© 2011 Theologischer Verlag Zürich
www.tvz-verlag.ch

INHALT

ZUR EINFÜHRUNG

Der erste Band der Reihe «Theologie am Nachmittag: der Kirche und ihren vielfältigen Ämtern begegnen» führte ein in die Strukturen der römisch-katholischen Kirche, beleuchtete ihre derzeitigen Dienstämter und versuchte eine konstruktive Kritik vor dem Hintergrund einer unumkehrbar gewandelten Gesellschaft und daraus resultierender pastoraler Erfordernisse.

Das zweite Buch «Theologie am Nachmittag: die Bibel lesen und deuten» nahm das Werden der Bibel und die verschiedenen Schriftsinne in den Blick, die erklären, warum derselbe Text unterschiedlich verstanden werden kann. Er zeigte das biblische Fundament der verschiedenen nebeneinander existierenden Gottesbilder und riss die Frage an, wie man angesichts des Leids und des Bösen in der Welt noch an einen (guten) Gott glauben könne. Schliesslich thematisierte er die spezifisch christliche Bedeutung von Tod und Auferweckung Jesu.

Im vorliegenden dritten Band der «Theologie am Nachmittag» steht ein weiterer wesentlicher Aspekt nicht nur des christlichen Glaubens, sondern fast aller Religionen im Zentrum: die Soteriologie, die Lehre von der **Erlösung** und **Befreiung**. Dabei geht es um ein theologisch breites Spektrum: Es geht um die Erlösung von Schuld und Sünde, aber auch um die Befreiung von körperlichem und seelischem Leid, es geht um die Befreiung von der Angst vor dem Nichts (einführend dazu über die tiefenpsychologische Deutung der Schrift im zweiten Buch dieser Reihe, S. 47 ff.), der Angst vor dem Sterben und dem Tod – es geht letztlich um die Neuschöpfung einer Welt, die in vielerlei Hinsicht noch in Geburtswehen liegt und seufzt, bis sie an der Befreiung der Kinder Gottes teilnehmen darf (vgl. Römer 8,22).

Ein zentrales Thema neben der Frage nach der kirchlichen Praxis im Zusammenhang mit dem Sakrament der Versöhnung ist auch in diesen Überlegungen die Eucharistie, ist sie doch Ausgangspunkt der Hoffnung auf die Erlösung am Ende des Lebens und symbolisch ein Vorgeschmack auf die grosse Erlösung der ganzen Schöpfung.

An dieser Stelle danke ich Herrn Markus Zimmer von der Edition NZN bei TVZ für manche wertvolle Hinweise und Ergänzungen sowie dem Verlag selbst für die sorgfältige Gestaltung und der römisch-katholischen Körperschaft für die Ermöglichung der ganzen Reihe.

Albert Mantel, im Januar 2011

ERLÖSUNG – WAS HEISST DAS HEUTE?

Erlösung ist ein zentraler Begriff in den meisten Religionen. Auch in der Literatur findet er sich. So heisst es etwa gegen den Schluss des zweiten Teils von Goethes Faust als Gesang der Engel:

> «Gerettet ist das edle Glied
> Der Geisterwelt vom Bösen:
> Wer immer strebend sich bemüht,
> Den können wir erlösen!
> Und hat an ihm die Liebe gar
> Von oben teilgenommen,
> Begegnet ihm die selige Schar
> Mit herzlichem Willkommen.»

Es geht in Goethes Faust um die Erlösung der Hauptfigur dieses grossen zweiteiligen Schauspiels. Im Vorspiel

10 11

zum ersten Teil steht eine Wette zwischen Gott und Mephisto (dem Teufel). Goethe hat sie im Anschluss an das Buch Jiob aus dem Alten Testament gestaltet. Und nachdem Faust in beiden Teilen sozusagen durch alle Menschenschicksale und alle Menschengier getrieben wurde, stehen am Schluss diese wunderbaren Verse von seiner Erlösung. In ihnen klingen zwei Kräfte an, die auch in der christlichen Erlösungslehre eine wichtige Rolle spielen. Da ist auf der Seite des Menschen die Bemühung um ein gutes menschliches Leben, und da ist auf der andern Seite die Liebe von oben (von Gott), die, je nach Auffassung, diesem Mühen entgegenkommt oder dieses Mühen erst möglich macht. Wie himmlische Gnade und die guten Werke des Menschen zusammenspielen, das war, wie wir noch sehen werden, auch eines der grossen Themen in der Zeit der Reformation.

Neben der Literatur zeugt auch die Musik – wie meistens «gute» Kunst – von dem, was den Menschen an existenziellen Fragen umtreibt, und versucht es in einer Form auszudrücken, die mehr zu sagen vermag, als das blosse Wort es könnte. Ein erstes Beispiel finde ich in Richard Wagners gesamtem musikdramatischem Schaffen. Nicht nur seine Verarbeitung des Sagenstoffs kreist um das Erlösungsmotiv. Greifbar schon im Fliegenden Holländer, der durch ein schreckliches Geschick unstet auf allen Weltmeeren herumgetrieben wird, bis ihm eine Frau ewige Treue hält. Er kommt, mit Schätzen reich beladen, wieder einmal an Land und trifft dort auf Senta, die aber bereits einem andern versprochen ist. Doch sie hat Mitleid mit dem gehetzten Mann und fühlt sich zu ihm hingezogen. Wie der Fliegende Holländer jedoch erfährt, dass sie schon einen Bräutigam hat, ihm also nicht treu sein kann, wird er vom Land wieder auf die Hohe See hinausgetrieben. Um ihre Liebe zu ihm unter Beweis zu stellen, stürzt sie sich von einem hohen Felsen ins Meer, um dem Davonfahrenden nachzugehen. In diesem Augenblick, da ihre ewige Treue greifbar wird, geht das Schiff des Holländers unter, und nach der Regieanweisung Wagners sieht man beide umschlungen zum Himmel schweben.

In Antonín Dvořáks Oper Rusálka sehnt sich die gleichnamige Wassernixe nach einer menschlichen Seele, sie möchte Mensch werden und wie Menschen lieben können. Ein Prinz, der sie vom Ufer des Teiches aus erblickt, verliebt sich in sie, die dank einer Hexe einen menschlichen Leib und eine menschliche Seele erhalten hat, aber nicht (oder müssen wir sagen noch nicht) sprechen kann. Auch hier geht es um Treue. Sie würde endgültig erlöst und Mensch, wenn der Prinz, der zufällig auf der Jagd war, ihr als Gatte die Treue hielte. Doch da kommt das grausame Schicksal in Gestalt einer schönen Fürstin dazwischen: Sie umgarnt den Prinzen, und er wird ihr hörig. Nun muss Rusálka für immer in ihr Wasserleben zurück. Sie gibt dem

Prinzen noch einen Abschiedskuss, der darauf stirbt. Ihm hat die Treulosigkeit das Leben gekostet, ihr ihren Wunsch zunichte gemacht, Mensch zu werden.

Die Kunst dreht sich, wenn sie Erlösung thematisiert, immer um diejenigen, die auf Erlösung hoffen. Das Einzelschicksal wird zum Kern des Werks. Das Gottesbild spielt dort nur eine untergeordnete Rolle. Anders in den primitiven Religionen: Dort «beteten» die Menschen meist um Erlösung von bösen Geistern und Dämonen, wofür man den Göttern auch Speise- und Tieropfer, ja, sogar Menschenopfer dargebracht hat. Im Hinduismus und Buddhismus meint Erlösung die Befreiung aus dem ständigen Kreislauf von Geburt, Tod und Wiedergeburt, bis man als ganz Erleuchteter das Menschsein ablegt und ins Nirwana eingehen darf, die Vorstellung von der Erlösung könnte man beschreiben mit dem Einswerden mit der Göttlichkeit des Alls. Hinter dieser Erlösungsvorstellung steht die Überzeugung, dass menschliches Leben immer auch Leiden bedeutet. Deshalb ist Wiedergeburt nach östlichem Denken keinesfalls erstrebenswert.

Ich möchte im Folgenden ausgehen von der Frage, wovon Menschen heute wie damals erlöst werden wollen. Eine ganze Reihe konkreter Nöte und Sorgen lässt sich aufzählen: etwa eine schwere Krankheit, Kriege und Katastrophen, allzu drückende materielle

Sorgen, Streit und Uneinigkeit in der Familie, ein sinn-
los erscheinendes Leben, ungerechte politische oder
wirtschaftliche Strukturen, Unterdrückung und Terror,
nicht zuletzt auch Schuld und Sünde.

Damit sind wir bei zwei Stichworten angelangt, die
in engem Zusammenhang mit der biblischen und insbesondere mit der christlichen Erlösungslehre stehen.
Obwohl die Bibel sehr sparsam mit dem Begriff der
Erlösung umgeht und sowohl das Christentum wie
das Judentum keine Erlösungsreligionen sind, deren
Kern die Erlösung vom zuvor Aufgezählten ausma-
chen, will ich kurz aufzeigen, dass der biblische Begriff von Erlösung in einem sehr umfassenden Sinn zu
verstehen ist.

BIBLISCHER BEFUND

Die alttestamentlichen Texte sprechen von Erlösung
und Errettung zunächst in zwei alltäglichen Bereichen.
Es geht um Befreiung in politischen Dimensionen, aber
auch um Erlösung aus sehr persönlichen Situationen.
Der Urtyp von Befreiungserfahrung kommt im Buch
Exodus mit der Befreiung aus der ägyptischen Knechtschaft zum Ausdruck, derer die Juden bis heute am
Paschafest gedenken und die zum Fundament des
jüdischen Selbstverständnisses zählt. Immer wieder
geht es um die konkrete oder auch grundsätzliche Befreiung von Angreifern und politischen Bedrohungen,

von allen feindlichen Völkern und ihren Götzen, sehr eindrücklich etwa in Psalm 55. Am Ende der Zeiten sollten alle Nationen nach Jerusalem pilgern und den einen und wahren Gott Israels anbeten. Das war die Hoffnung auf das messianische Zeitalter. Sein Kennzeichen sollte die Befreiung von allem Bösen und Widergöttlichen sein.

Zur Zeit Johannes des Täufers und Jesu wurde diese messianische Hoffnung von vielen Zeitgenossen politisch verstanden als Befreiung von der verhassten römischen Oberherrschaft.

Aber auch Erlösung von persönlicher Schuld kennen die in vorchristlicher Zeit entstandenen Texte: So bittet der Beter von Psalm 51 z. B. um Vergebung nach seinem Ehebruch.

Psalm 51 gehört zusammen mit den Psalmen 6, 32, 38, 102, 130 und 143 zur Gruppe der Busspsalmen; der Bibelwissenschaftler Hermann Gunkel hat sie in seinem Psalmenkommentar von 1933 als Busslieder des Einzelnen bezeichnet. Sie berichten aus Situationen von Krankheit und Todesgefahr und reflektieren die Zusammenhänge von Schuld und grundsätzlicher Schuldverstricktheit, Krankheit und Vergebung. Die sieben Busspsalmen bildeten in den meisten mittelalterlichen Stundenbüchern (Gebetbücher für Laien ähnlich dem Brevier des Klerus) einen unerlässlichen Bestandteil, belegen die Psalmen doch, dass der Mensch auf Vergebung und die Erneuerung des zuvor schuldbelasteten Bundes mit Gott hoffen darf.

Daneben kennt das Alte Testament den Wunsch nach Erlösung von Krankheit, etwa beim Aramäer Naaman (2 Könige 5,1–27), und nach Erlösung vom Tod, etwa wenn Elija den Sohn der Frau von Schunem zu neuem Leben erweckt (2 Könige 4,8–37), oder auch nach Erlösung von Hunger, wiederum durch Elija. Dieses Beispiel möchte ich im Wortlaut anführen, weil wir daran sehen, wie viel vom Gedankengut aus der hebräischen Bibel in das Neue Testament eingeflossen ist. Es heisst da weiter im 2. Buch der Könige 4,42–44: «Einmal kam ein Mann von Baal-Schalischa und brachte dem Gottesmann Brot von Erstlingsfrüchten, zwanzig Gerstenbrote, und frische Körner in einem Beutel. Elischa befahl seinem Diener: Gib es den Leuten zu essen! Doch dieser sagte: Wie soll ich das hundert Männern vorsetzen? Elischa aber sagte: Gib es den Leuten zu essen! Denn so spricht der Herr: Man wird essen und noch übriglassen. Nun setzte er es ihnen vor; und sie assen und liessen noch übrig, wie der Herr gesagt hatte.»

An diesem Beispiel wird übrigens deutlich, wie Erzählungen und andere Texte aus dem Alten Testament ins Neue Testament eingeflossen sind, denn die Parallelen zu den Brotvermehrungserzählungen der Evangelisten sind offensichtlich.

Das Alte Testament schreibt in allen Beispielen, in denen sich eine bedrohliche und gefährliche Situation zum Guten wendet, diese Wendungen Gottes direktem Eingreifen zu: Gott rettet, erlöst, macht heil und befreit.

Auch im Neuen Testament ist die Hoffnung auf Erlösung ein zentrales Thema. Jesus von Nazaret verband Erlösung und Heilwerden ausdrücklich mit dem Sündenbegriff. Er heilte Menschen nicht nur von ihren Krankheiten, sondern sprach ihnen auch die Vergebung der Sünden zu. Als Beispiel führe ich die Heilung des Gelähmten aus dem Lukas-Evangelium an (5,17–26), wo Jesus dem Kranken auf der Bahre zunächst versichert: «Deine Sünden sind dir vergeben.» Erst danach zeigt sich, dass der Kranke auch von seinem körperlichen Gebrechen erlöst ist. Hierbei gilt es zu beachten, dass Jesus nicht der war, der des Heilens und Wunderwirkens wegen durch Galiläa wanderte. Seine Heilungen und Wunder waren nur Zeichenhandlungen, um seine Verkündigung des Reiches Gottes zu illustrieren. Die Rede des Petrus auf dem Tempelplatz nach dem Pfingstereignis (Apostelgeschichte 3,11–26) stellt die in den Evangelien schrittweise erfolgte Erlösung in eine zeitlich-(theo-)logische Abfolge: «Also kehrt um und tut Busse, damit eure Sünden getilgt werden und der Herr Zeiten des Aufatmens kommen lässt und Jesus sendet als den für euch bestimmten Messias.» Paulus entfaltet im Römerbrief breit seine Sicht von der Sündenverfallenheit aller Menschen und ihrer Erlösung durch Gott vermittels Jesu Tod und Auferweckung.

Bereits Lukas verbindet im ersten Kapitel seines Evangeliums den Zusammenhang von Johannes als

Umkehrprediger und Jesus als Verkünder des Reiches Gottes und stellt «Rettung», «Heilung», «Umkehr» und «Sündenvergebung» seinem Bericht über Leben und Wirken Jesu wie ein Programm voran.

Die Erlösung von Sünde ist also zweifellos ein zentrales Thema neutestamentlicher Theologie, aber die Botschaft Jesu beinhaltet mehr. Es geht vor allem auch um die Erlösung von der Todverfallenheit des Menschen, Tod verstanden als absolutes Ende der menschlichen und persönlichen Existenz. Es geht um Erlösung hinein in ein ewiges Leben bei Gott. Die Botschaft von der Auferweckung Jesu und aller, die durch den Glauben zu ihm gehören, ist das zentrale Anliegen im 15. Kapitel des 1. Korintherbriefes. Hier heisst es in den Versen 20–22: «Nun aber *ist* Christus von den Toten auferweckt worden als der Erste der Entschlafenen. Da nämlich durch *einen* Menschen der Tod gekommen ist [gemeint ist Adam], kommt durch *einen* Menschen auch die Auferstehung der Toten [gemeint ist Jesus Christus]. Denn wie in Adam alle sterben, so werden in Christus alle lebendig gemacht werden.»

Auch der 2. Petrusbrief geht vor allem im dritten Kapitel auf den Zusammenhang und die Abfolge von Umkehr und Erlösung ein und bindet sie an die Wiederkunft Jesu Christi, mit der das Reich Gottes im Sinne einer neuen Schöpfung seine endgültige Verwirklichung findet.

Ausführlicher zu dieser frühchristlich-paulinischen Erlö-
sungstheologie gehe ich im Kapitel «Die Lehre des Paulus
von der Rechtfertigung des Menschen vor Gott» ein.

Diese Erlösung anlässlich der Wiederkunft Christi
zu einem ewigen und erfüllten Leben in Gott schil-
dert dann das letzte Buch des Neuen Testamentes,
die Offenbarung des Johannes, in farbenprächtigen
Bildern, und zwar besonders in den letzten Kapiteln:
«Da hörte ich eine laute Stimme vom Thron her
rufen: Seht die Wohnung Gottes unter den Menschen! Er wird in ihrer Mitte wohnen, und sie
werden sein Volk sein; und er, Gott, wird bei
ihnen sein. Er wird alle Tränen von ihren Augen
abwischen: Der Tod wird nicht mehr sein, keine
Trauer, keine Klage, keine Mühsal. Denn das,
was früher war, ist vergangen. Er, der auf dem
Thron sass, sprach: Seht, ich mache alles neu»
(Offenbarung 21,2–5a).

Zusammenfassend gilt für das Neue Testament: Die
Ankunft oder der Beginn des Gottesreiches geht einher
mit der Erlösung von Schuld und Sünde, ja, von allem
Leid und jeder Not, selbst vom Tod.

DIE CHRISTLICHEN TRADITIONEN

Durch lange Jahrhunderte der Christentumsgeschichte und der Theologiegeschichte war das Erlösungsver-
ständnis zu einseitig mit «Erlösung von Schuld und

Sünde» verbunden. In diesem Sinn wurde auch der Tod Jesu am Kreuz einseitig immer als Erlösungstod gesehen und Jesus deshalb auch von frühester Zeit an als «Erlöser» bezeichnet.

Zum ersten Mal begegnet für Jesus der Titel Erlöser in der Kindheitsgeschichte des Lukas 2,11. Recht bald wählten die Christen als Zeichen für sich – noch vor dem Kreuz – den Fisch. Denn das griechische Wort für Fisch heisst Ichthys, und hierin sind die Anfangsbuchstaben des Jesusbekenntnisses enthalten: Jesus – Christus – Gottes – Sohn – Erlöser.

Dass lange Zeit hindurch die Frage nach der Erlösung von Sünde und Schuld im Zentrum stand, sehen wir auch an Martin Luthers Frage: Wie finde ich einen gnädigen Gott? Diese Frage hat damals zum Streit um die Rechtfertigungslehre geführt. In diesem Streit ging es um die Frage: Was hat den Vorrang: die Gnade Gottes oder die guten Werke des Menschen? Luther betonte die Erlösung allein durch die Gnade *(sola gratia)*, während das Konzil von Trient (1545–1563) auch den guten Taten für das Werk der Erlösung einen Wert beimass. Dieser theologische Streit zwischen der katholischen Kirche einerseits und den Kirchen der Reformation anderseits um die Rechtfertigungslehre wurde erst in den ausgehenden neunziger Jahren des letzten Jahrhunderts beigelegt mit der «Gemeinsamen Erklärung zur Rechtfertigungs-Lehre», wo man sich einigen konnte auf die theologische Aussage, dass der Gnade und Liebe Gottes im Erlösungswerk die

Priorität zukomme. Die guten Werke des Menschen aber seien eine notwendige Folge aus der geschenkten Gnade. Um es noch etwas deutlicher zu formulieren: Wir verdienen uns die Liebe Gottes nicht durch unsere guten Taten, sondern wir erhalten die Liebe Gottes unverdient, und diese «geschenkte Gnade» entfaltet in der Folge eine Wirkung, indem sie uns zu Werken der Barmherzigkeit und Liebe antreibt.

Für die Frage, welche Erlösungssehnsucht die Menschen bewegt, ging ich aus von Luthers Frage nach einem gnädigen Gott, einem Gott, der Sünden vergibt und uns aufgrund der Sündenvergebung in sein himmlisches Reich aufnimmt. Doch wie konnte Gott gnädig gestimmt werden? Eine Antwort versuchte Anselm von Canterbury bereits um 1094/1098 mit der in seiner Schrift «Warum Gott Mensch geworden ist» entwickelten Satisfaktionslehre. Verkürzt ist sie früher im Religions- bzw. Katechismusunterricht gelehrt worden: Durch die Sünde der Stammeltern und alle nachfolgenden Sünden war Gott eine unendliche Beleidigung zugefügt worden. Daraus entstand auch die so genannte Erbsündenlehre. Eine solche Beleidigung erforderte auch eine unendliche Genugtuung. Angemessene Genugtuung war letztlich aber weder durch Gott dargebrachte Opfer zu erwirken (so auch die Begründung des theologischen Bruches zwischen dem Alten und dem Neuen Testament) noch durch eine ungestrafte Sündenvergebung durch Gott, da er sich dadurch unangemessen zurücknehmen würde, also kein Gott mehr wäre, der sein Recht durchsetzen kann. Die Gott geschuldete Sühne konnte deshalb nur leisten, wer einerseits ganz Mensch ist, weil der Mensch ja die Erbsünde zu verantworten hat; anderseits musste die Sühne leistende Person zugleich göttlich sein, denn alles, was der Mensch Gott zur Sühne anzubieten hat, stammt vom Schöpfer selbst, ist also keine Genugtuung, so dass eine über-menschliche und Gott ähnliche Instanz nötig ist. Deshalb musste Gott Mensch werden: Jesus Christus, verstanden als der Mensch gewordene ewige Sohn Gottes. Die angemessene Sühneleistung bestand in seinem freiwillig auf sich genommenen Tod am Kreuz. Erlöst sind wir also nicht durch unsere eigenen guten Werke, sondern einzig durch die Sühnetat Jesu, die wir gläubig anerkennen und an uns geschehen lassen.

Wenig anschaulich blieb aber die existenzielle Dimension dieses theologischen Erlösungsbegriffs: Was bedeutet diese Erlösung durch Jesus Christus für mein Leben?

Erlösung also durch ein Menschenopfer, obwohl die Geschichte von Abraham und Isaak doch schon im Alten Testament lehrt, dass Gott keine Menschenopfer will? Die neuere Theologie hat sich bemüht, die Satisfaktionslehre Anselms mindestens zu ergänzen. So unterteilt etwa Anselm Grün in seinem Büchlein

«Erlösung, ihre Bedeutung in unserem Leben» seine Ausführungen in die Abschnitte: «Erlösung durch die Menschwerdung Gottes» (was die östliche Theologie immer sehr betonte), «Erlösung durch Jesu Weg», «Erlösung durch Jesu Lehre», «Erlösung durch Jesu Handeln», «Erlösung durch Jesu Tod am Kreuz», «Erlösung durch die Einsicht in Jesu Worte». Wollte man diese Reihe fortsetzen, müsste man auch noch von Erlösung durch Jesu Auferstehung und Himmelfahrt und von Erlösung durch die Sendung des Geistes sprechen. Mit anderen Worten, nicht nur der Tod am Kreuz, sondern das ganze Leben Jesu hat eine erlösende Bedeutung. Es zeigt uns, was sinnerfülltes menschliches Leben von Gott her ist.

> Erlösung durch Jesus Christus hat also mit meinem Leben etwas zu tun: Sehe ich im Bespiel des Lebens, Sterbens und Auferstehens Jesu ein Angebot, meinem Leben einen Sinn zu geben?

Für Paulus spielen Tod und Auferstehung Jesu im Erlösungsgeschehen eine zentrale Rolle. Er betont aber auch, dass es um Erlösung von einem sinnlosen selbstsüchtigen Leben, das in den seelischen Tod führt, zu einem sinnerfüllten Leben solidarischer Mitmenschlichkeit geht. Jesus hat dieses Leben exemplarisch vorgelebt und hat dafür sogar den Tod auf sich genommen. Durch die Auferweckung Jesu, die im Osterglauben ausgedrückt wird, hat Gott bestätigt, dass das Leben Jesu richtig war. Dass ein solchermassen erlöstes oder befreites Leben auch nach entsprechenden politischen und wirtschaftlichen Strukturen führen sollte, hat uns die Befreiungstheologie Südamerikas und anderer Länder in Erinnerung gerufen. Sie wollte damit aber keineswegs die Erlösung von persönlicher Schuld und den Glauben oder die Hoffnung auf eine neue endzeitliche Welt, die von Gott her auf den Menschen und die Schöpfung zukommt, negieren. Es ist ein tragisches Kapitel der jüngeren Kirchengeschichte, dass man das an zuständiger Stelle nicht verstanden hat, sondern meinte, es ginge dieser aufblühenden Theologie bloss um eine Befreiung von wirtschaftlichen und politischen unterdrückenden Herrschaftsstrukturen, die sie mit Hilfe marxistischer Terminologie analysierte. Dass Herrschaftsverzicht für Jesus wichtig war, hat die Befreiungstheologie allerdings mit aller Deutlichkeit in Erinnerung gerufen. Sehr anschaulich wird dieser Gedanke im zweibändigen Werk «Mysterium Liberationis» entwickelt (Luzern 1995/1996). Die Befreiungstheologie führt das Wort Jesu weiter: «Ihr wisst, dass die Herrscher ihre Völker unterdrücken und die Mächtigen ihre Macht über die Menschen missbrauchen. Bei euch soll es nicht so sein, sondern wer bei euch gross sein will, soll euer Diener sein, und wer bei euch Erster sein will, soll euer Sklave sein.» (Matthäus 20,25–27)

ZUSAMMENFASSUNG

Die Menschen aller Zeiten und Religionen sehnten und sehnen sich nach Erlösung. Es ist Erlösung von allem Bösen und Erlösung von allem Leid, auch Erlösung vom Tod. Die Antworten auf die Frage, welcher Weg zu einer solchen umfassenden Erlösung führe, sind verschieden. Für uns Christen spielt Jesus Christus in seinem ganzen Lehren und Handeln, in seinem Tod, seiner Auferstehung, Himmelfahrt und Geistsendung dabei die zentrale Rolle. Darüber hinaus scheint mir für den heutigen Menschen die zentrale religiöse Frage nicht mehr die nach der Erlösung von Schuld und Sünde zu sein (die ist auch noch da), sondern die Frage: Wie finde ich ein sinnerfülltes, echt menschliches Leben? Darauf aber geben das Handeln und die Worte Jesu eine immer noch gültige Antwort. Und Paulus hat es im Römerbrief so formuliert, dass wir durch Jesus befreit werden von einem egoistischen Leben der Selbstsucht zu einem wahren Leben in tätiger Liebe und in echter Beziehung zum Nächsten. Abkehr von der Gier des Ichs zu einem Leben in Solidarität mit allen Menschen und in der Pflege der gesamten Schöpfung Gottes.

Abschliessen möchte ich das Kapitel deshalb mit jenem bekannten Abschnitt aus der Offenbarung des Johannes, der die christliche Hoffnung auf Erlösung so zusammenfasst: «Dann sah ich einen neuen Himmel und eine neue Erde; denn die erste Erde und der erste Himmel sind vergangen, auch das Meer ist nicht mehr. Ich sah die heilige Stadt, das neue Jerusalem, von Gott her aus dem Himmel herabkommen; sie war bereit wie eine Braut, die sich für ihren Mann geschmückt hat. Da hörte ich eine laute Stimme vom Thron her rufen: Seht die Wohnung Gottes unter den Menschen! Er wird in ihrer Mitte wohnen, und sie werden sein Volk sein; und er, Gott, wird bei ihnen sein. Er wird alle Tränen von ihren Augen abwischen: Der Tod wird nicht mehr sein, keine Trauer, keine Klage, keine Mühsal. Denn was früher war, ist vergangen» (21,1–4). Und ganz am Ende (22,20b–21), nach der sehr bilderreichen Schilderung des himmlischen Jerusalems, schliesst der Verfasser der Offenbarung sein Buch (und damit endet die Bibel) mit dem Bittruf: «Amen. Komm Herr Jesus! Die Gnade des Herrn Jesus sei mit allen!»

«SCHULD» UND «SÜNDE» – KÖNNEN WIR MIT DIESEN BEGRIFFEN NOCH ETWAS ANFANGEN?

Jesus, das Mensch gewordene Wort Gottes an und für uns Menschen, verkündete Erlösung und Befreiung in einem umfassenden Sinn und lebte das exemplarisch vor. Das bezeugen die Geschichten, in denen er Menschen im Auftrag Gottes Vergebung ihrer Sünden zusprach, das bezeugen aber auch die Erzählungen von Tischgenossenschaft mit Randständigen sowie seine zahlreichen Krankenheilungen, besonders auch die Heilung von Aussätzigen (aus dem Umgang mit anderen Ausgestossenen), durch die er sie der Menschengemeinschaft zurückgab. Paulus wählte dann in seiner Predigt das Bild, dass die ganze Schöpfung in Geburtswehen liege und auf die Erlösung der Kinder Gottes warte (Römer 8,19–22).

Vor dem Hintergrund des Umgangs Jesu mit den Menschen bietet es sich an, immer wieder die Frage nach der Erlösung von Schuld und Sünde zu stellen, zumal dieser Aspekt von Erlösung in der christlichen Theologie von Anfang an einen besonders breiten Raum eingenommen hat. Bevor wir in den folgenden Kapiteln die Wege beschreiben, auf denen die christliche Gemeinschaft den Menschen Erlösung von Sünde zuspricht (im Kapitel «Einzelbeichte und Bussfeier») und die Erlösung durch Jesus Christus feiert (im Kapitel «Eucharistie und Abendmahl als Feier und Quelle der Erlösung»), wollen wir versuchen, dem nachzugehen, was Sünde und Schuld ihrem inneren Wesen nach überhaupt sind.

Zuvor spanne ich wieder den Bogen zu der leitenden Frage im vorangehenden Kapitel: Wovon will der Mensch erlöst werden? Und wovon glaubt die Kirche, müsse der Mensch erlöst werden? Diese beiden Fragen sind wie zwei Mittelpunkte einer Ellipse, denn es deutet viel darauf hin, dass es unterschiedliche Antworten darauf gibt.

Ich möchte mit Helmut Weber einen Moraltheologen zu Wort kommen lassen, der einige Jahre nach dem Zweiten Vatikanischen Konzil die rasant zurückgegangene Beichtpraxis zum Anlass genommen hat, die Gründe dafür zu suchen. Er kommt zum Schluss, dass die Auffassung davon, was Schuld und Sünde eigentlich seien, der Lebenswirklichkeit des Menschen angepasst werden müsse. Er schreibt in seinem Aufsatz «Überlegungen zum theologischen Schuldverständnis» (in: Theologische Fakultät Trier ‹Hg.›: Dienst der Versöhnung. Umkehr, Buße und Beichte – Beiträge zu ihrer Theologie und Praxis, Trierer Theologische Studien ; 31 (1974), 121–136, 132 f.): «Wo man Schuld lediglich als Summe jener bösen Taten versteht, die man vorsätzlich und überlegt begangen hat, verflüchtigt sich für manchen braven Christen doch sehr die Vorstellung, daß er von seiner Schuld erlöst werden muß und daß es dazu des Opfers Christi bedurfte. Aber wenn er hört, daß mit Schuld auch jenes Unvermögen gemeint ist, aus dem heraus er immer wieder andere schädigt und ihnen Leid zufügt – auch da, wo er es gut meint, und jenes Konglomerat, in dem eigenes und fremdes Versagen unlösbar miteinander verwoben sind, dann wird er spüren, wie sehr er von Schuld erlöst werden muß. Außerdem wird er begreifen, daß diese Schuld nicht mit immanenten [d. h. irdischen oder menschlichen] Mitteln fortgeschafft werden kann, etwa mit Hilfe psychoanalytischer Methoden. Der universale Unheilszusammenhang, in den die gesamte Menschheit verstrickt ist, läßt sich nur von außen her aufbrechen, von jemandem, der über dieser Menschheit steht.»

Weber plädiert für ein neues Schuldverständnis, das weder magisch und veräusserlicht ist (wie bei Anselm von Canterbury) noch rationalistisch-idealistisch (also immer ein willentliches, «verständnisvolles»/bewusstes Sündigen voraussetzt). Das neue Schuld- und folglich auch Sündenverständnis enthebt den Sünder nicht seiner Verantwortlichkeit. Aber es berücksichtigt einerseits die Tatsache, dass sich Sünde immer auch gegen Gott richtet, anderseits trägt es der Erkenntnis Rechnung, dass ein authentisches Schuldbewusstsein, das nicht gesagt bekommt, was Sünde ist und was nicht, ein eigenes Gespür dafür hat: das Gewissen im tiefsten Innern eines jeden Menschen selbst.

Manches am herkömmlichen kirchlichen Sündenbegriff ist für uns nicht mehr einsichtig. Viele unserer Zeitgenossen haben darum dem Sündenbegriff ganz den Rücken zugekehrt und verstehen auch Haltungen wie Umkehr und Busse nicht mehr: Wo es keine Sünde gebe, brauche es selbstverständlich auch keine Umkehr. Überdies wurde in den letzten Jahrhunderten von den Kirchen zu viel von Sünde geredet, besonders häufig im Zusammenhang mit der Sexualität. Das mag ein weiterer Grund sein dafür, dass die mittlere und jüngere Generation dauerhaft aus den Kirchen ausgewandert ist. – Wie können wir also Schuld und Sünde für unser heutiges Empfinden verständlich beschreiben und Begriffe finden, die sowohl theologisch als auch existenziell dasselbe meinen?

Gott ist für uns Christen ein Gott des Lebens, ja, er ist das Leben selbst. Gott will das Leben, er steht auf der Seite des Lebens. Predigt und Wirken Jesu haben gerade das festgehalten: «Ich bin gekommen, dass sie das Leben haben und es in Fülle haben». So lesen wir bei Johannes 10,10. Gott ist nicht etwas Starres, in sich selbst Gefangenes, sondern er ist ein dynamischer Lebensaustausch zwischen Vater, Sohn und Geist. Der Vater schenkt das Leben dem Sohn. Aus beiden zugleich geht der Geist hervor. Das gilt auch, wenn wir den Glauben an die Dreieinigkeit Gottes nicht mehr metaphysisch, sondern eher heilsökonomisch auffassen. «Nicht mehr metaphysisch» bedeutet, dass wir uns nicht zu sehr darin erschöpfen sollen, wie und wo man sich Gottes Existenz vorstellen muss. Die «heilsökonomische Auffassung» der Dreieinigkeit Gottes bedeutet, das pulsierende Leben Gottes (in allen menschlichen Höhen und Tiefen durchlebt von *Jesus Christus*) ergiesst sich (durch die *Geistes*-Gegenwart Gottes) in die Schöpfung (des himmlischen *Vaters*) und findet in ihr seinen Ausdruck. Philosophisch gesprochen heisst das Panentheismus: Gott ist überall in seiner Schöpfung gegenwärtig, ohne dass er mit ihr identisch wäre. Der gesamte, so unendlich grosse Kosmos ist das Werk des lebendigen und Leben spenden Gottes, er trägt seine Spuren. «In ihm leben wir, bewegen wir uns und sind wir» sagt Paulus in seiner bekannten Areopagrede (Apostelgeschichte 17,28). Und durch die Gegenwart Gottes in seinem Kosmos, mit dem er eben nicht identisch ist, sondern ihm ganz nah, aber noch immer gegenübersteht, bleibt er in ständiger Beziehung zu seiner Schöpfung. «Gott ist Beziehung»: Das war auch eines der grossen Anliegen in Dorothee Sölles wichtigem Buch «Gott denken. Einführung in die Theologie» (Stuttgart 1990). Darin erklärt sie gegen Schluss: «Wenn wir Ernst damit machen, Gott als die Kraft am Anfang, die Kraft der Beziehung zu denken, dann hängt der Fortbestand der Schöpfung von der Stärke der Liebe unter den Menschen ab» (S. 253 f.).

Leben heisst wachsen, sich entfalten, reifen. Für uns Menschen ist das nicht nur biologisch, sondern auch psychisch und geistig gemeint. Leben vollzieht sich für uns nicht nur im Wachsen des Körpers, sondern auch in der Entfaltung von Denken, Fühlen und Wollen. Ein lebendiges Gesicht ist ein Gesicht, das Gefühle und geistige Bewegung ausdrückt. Und durch die Sinne (Gesicht, Gehör, Berührung, Geruch, Geschmack) sind wir im Lebensaustausch mit anderen Menschen und mit der übrigen Schöpfung. Zum Leben des Menschen gehört auch Welt: Umwelt und Mitwelt. Eines der grundlegenden Werke des Jesuiten Karl Rahner, das seine Anthropologie (sein Menschenbild) enthält, trägt deshalb den Titel «Geist in Welt».

Das Ziel unseres Lebens ist es, unser eigenes Leben und das der anderen Menschen und Mitkreaturen im Raum des Kosmos zu entfalten und so Gott, dem Urgrund allen Lebens, dem Herzen der Welt, immer näher zu kommen, d. h. von Gott gezogen immer mehr in das hineinzuwachsen, was wir «ewiges Leben» nennen. Das ist wiederum für Johannes keine erst zukünftige, sondern eine jetzt schon gegenwärtige Wirklichkeit.

Dieser Wachstumsprozess geht aber meist nicht ohne Brüche vor sich. Und er darf vor allem nicht egoistisch missverstanden werden. Es geht nie *nur* um mein Leben und meine Entfaltung. Das stellt das Neue Testament klar. Mein engagiertes Interesse muss auch der Entfaltung des Lebens meiner Nächsten im Kreis der Familie und Freunde und im weiteren Kreis der Menschen von nah und fern gelten. Ich darf für mich selbst sorgen, sicher, aber ich muss auch an meine Brüder und Schwestern in Afrika, Südamerika, Indien und China oder an die unter der Brücke und in der Bahnhofsmission denken. Was das alles im Einzelnen und im Konkreten heisst, muss immer wieder neu überlegt werden.

Gerade die jüngste Weltwirtschaftskrise hat uns drastisch erleben lassen, wohin wir kommen, wenn Machtstreben und Egoismus die Welt regieren. Das Wort Jesu «Ihr könnt nicht beiden dienen, Gott und dem Mammon» (Matthäus 6,24) hat eine ganz neue Aktualität gewonnen. Wenn wir nur dem Mammon dienen, verlieren wir Gott und damit den Sinn und das Ziel unseres Lebens; ja, die Welt droht aus den Fugen zu geraten. Kulturgeschichtlich interessant ist, dass Richard Wagner dieses Entweder–Oder von Macht und Liebe ins inhaltliche Zentrum seines «Ring des Nibelungen» gestellt hat. Nur wer der Liebe Macht entsage, könne den goldenen

Ring gewinnen, der ihm Herrschaft über die ganze Welt verleiht, weiss Woglinde in der 1. Szene von «Das Rheingold». Wer also der Macht nachjagt, entsagt der Liebe und muss scheitern, wie dann «Götterdämmerung», der letzte Teil des «Rings», zeigt.

Dieser positive Ansatz der Lebensentfaltung bestätigt das hergeleitete neue Verständnis von Schuld und Sünde. Wie von Helmut Weber bereits angedeutet, handelt es sich nicht einfach um eine Übertretung von Geboten und Gesetzen, die Gott aus einer Laune heraus aufgestellt hätte, um uns auf die Probe zu stellen und uns dann zu belohnen oder zu bestrafen. Mit einem solchen Gottesbild und einem solchen Sündenbegriff können wir nichts mehr anfangen. Schuld (ein im Profanen gebräuchlicher Begriff) ist vielmehr immer da vorhanden, wo wir unser eigenes Leben oder das unserer Mitmenschen behindern, missachten und zu wenig fördern. Schuld richtet sich immer irgendwie gegen das Leben. Für den glaubenden Menschen ist Schuld zugleich auch Sünde (ein religiöser Begriff), weil Gott selbst Leben ist, hinter allem Leben steht und das Leben für uns Menschen will. Er ist der Anwalt des Lebens, der Befreier des Lebens und das Ziel im Sinne eines «ewigen Lebens». Gott als Anwalt menschenwürdigen Lebens ist so auch der Grundansatz der Befreiungstheologie.

Ein solches Verständnis von Sünde, das aus der täglichen Erfahrung und aus wichtigen Texten der

Bibel gewonnen ist, betrifft uns, weil es aktuell ist und bleibt. Die Zehn Gebote und die Ethik der Bergpredigt sind dann nichts anderes als die Leitlinien, wie wir in der Gemeinschaft mit unseren Nächsten und unserer Umwelt dem Leben am besten dienen können. Und mit dem Allgemeinen Schuldbekenntnis, das in der Messfeier hin und wieder vor dem Kyrie gesprochen wird, wird ausgedrückt, dass Schuld und Sünde nicht erst dort vorhanden sind, wo etwas Böses getan, sondern auch dort, wo etwas Gutes unterlassen wird, das zu tun wäre. Sehr konkret weiss das schon die frühe Kirche: So heisst es im 1. Johannesbrief 3,17 f.: «Wenn jemand Vermögen hat und sein Herz vor dem Bruder [d. i. dem Nächsten] verschliesst, den er in Not sieht, wie kann die Gottesliebe in ihm bleiben? Meine Kinder, wir wollen nicht mit Wort und Zunge lieben, sondern in Tat und Wahrheit.» Das neue Wort für Liebe heisst Solidarität. Für sie muss der Christ auf allen Ebenen und in allen Bereichen des Lebens kämpfen.

Das umfasst nicht nur unseren persönlichen Bereich. Es heisst auch für politische und wirtschaftliche Strukturen einzutreten, die Leben für alle Menschen fördern und nicht behindern; es heisst, die weltweite Bewegung für Frieden, Gerechtigkeit und Bewahrung der Schöpfung mit allen erdenklichen und guten Mitteln zu unterstützen. Und das bedeutet, sich auch in der Nachbarschaft, am Ort und im eigenen Land für ein vielfältiges Leben für alle einzusetzen. Ganz in diesem Sinn hat Benedikt XVI. in seiner Enzyklika «Caritas in veritate» (29. Juni 2009) gesagt, dass wir eine neue Weltordnung brauchen. Diese Weltordnung muss die krassen Unterschiede zwischen Arm und Reich beseitigen, allen Menschen den Zugang zu einer angemessenen Bildung ermöglichen, den Respekt vor den verschiedenen Kulturen, Volksgruppen und Weltreligionen fördern und Konflikte nicht mit Waffengewalt, sondern durch gegenseitiges Gespräch lösen, damit die moderne Geissel des Terrorismus endlich ein Ende findet, so dass das Wort des Propheten Jesaja eines Tages wahr wird: «Dann schmieden sie Pflugscharen aus ihren Schwertern und Winzermesser aus ihren Lanzen. Man zieht nicht mehr das Schwert Volk gegen Volk, und übt nicht mehr für den Krieg» (Jesaja 2,4). Dass zu dieser neuen Weltordnung auch die nötige Sorgfalt im Umgang mit der Schöpfung gehört, sei zum Schluss mit aller Deutlichkeit betont.

Im 5. Buch Mose, dem Deuteronomium, gibt es eine lange Rede, die Mose dem Volk vorträgt, bevor er die Leitung des Volkes an Josua übergibt. Am Schluss dieser Rede leuchtet der Zusammenhang von der Befolgung der Gebote und Gesetze Gottes mit dem Leben, und der Zusammenhang der Sünde mit dem Tod (Lebensminderung, Lebensvernichtung) eindrücklich auf. In Kapitel 30,15–16.19–20 heisst es: «Hiermit lege ich dir heute das Leben und das Glück, den Tod und das Unglück vor. Wenn du auf die Gebote des Herrn, deines Gottes, auf die ich dich heute verpflichte, hörst, indem du den Herrn, deinen Gott, liebst, auf seinen Wegen gehst und auf seine Gesetze, Gebote und Rechtsvorschriften achtest, dann wirst du leben und zahlreich werden, und der Herr, dein Gott, wird dich in dem Land, in das du hineinziehst, um es in Besitz zu nehmen, segnen [...] Den Himmel und die Erde rufe ich heute als Zeugen gegen euch an. Leben und Tod lege ich dir vor, Segen und Fluch. Wähle also das Leben, damit du lebst, du und deine Nachkommen. Liebe den Herrn, deinen Gott, höre auf seine Stimme, und halte dich an ihm fest; denn er ist dein Leben.»

Dass auch Johann Wolfgang von Goethe, mit dessen «Faust» ich die Überlegungen zur Erlösung eingeführt habe, Gott, Schöpfung, Leben und Sittlichkeit zusammensieht, wird im Gespräch mit Johann Peter Eckermann vom 11. März 1832 auf schöne Weise deutlich. Nachdem sich der Dichter über die Echtheit verschiedener biblischer Texte geäussert hat, folgert er: «Dennoch halte ich die Evangelien alle vier für durchaus echt, denn es ist in ihnen der Abglanz einer Hoheit wirksam, die von der Person Christi ausging und die so göttlicher Art, wie nur je auf Erden das

Göttliche erschienen ist. Fragt man mich: ob es in meiner Natur sei, ihm anbetend Ehrfurcht zu erweisen? So sage ich: durchaus! – Ich beuge mich vor ihm als der göttlichen Offenbarung des höchsten Prinzips der Sittlichkeit. – Fragt man mich, ob es in meiner Natur sei, die Sonne zu verehren, so sage ich abermals: durchaus! Denn sie ist gleichfalls eine Offenbarung des Höchsten, und zwar die mächtigste, die uns Erdenkindern wahrzunehmen vergönnt ist. Ich anbete in ihr das Licht und die zeugende Kraft Gottes, wodurch allein wir leben, weben und sind und alle Pflanzen und Tiere mit uns» (Johann Wolfgang von Goethe: Sämtliche Werke, Band 24, Zürich 1949, 770 f.).

Goethe anerkennt also die Offenbarung Gottes in der Schöpfung und in der Geschichte nach traditionellem theologischem Verständnis.

Offenbarung meint einerseits die Selbstmitteilung Gottes durch die konkrete Person Jesu, anderseits eine grundsätzliche Erfahrbarkeit der Gegenwart Gottes in der Welt und in der gesamten Geschichte.

Beide Offenbarungsweisen richten sich an den ganzen Menschen, an seinen Geist, seinen Verstand, sein Herz und seine Empfindungen. Auch sind beide Offenbarungsweisen durch den Geist Gottes gewirkt, können sich also nicht widersprechen. Und in beiden Offenbarungsweisen wird das Sittliche und Gute für den Menschen erkennbar.

Gott ist Leben und will qualitativ gutes Leben («Leben in Fülle», vgl. Johannes 10,10) für die ganze Schöpfung. Sünde aber ist in all ihren verschiedenen Formen Verstoss gegen das Leben, ist Tod (im übertragenen Sinn). Sünde und Schuld sind nicht «Beleidigungen Gottes» in einem äusserlichen Sinne, sondern Verstösse gegen das Leben, wie Gott es gewollt und in seiner Schöpfungsordnung grundgelegt hat. Erlösung von Sünde und Schuld bedeutet deshalb nicht, dass Gott eine begangene Tat oder geschehenes Unrecht einfach durchstreicht, sondern dem für das Unheil Verantwortlichen (und das kann nur der Mensch sein) die Möglichkeit gibt, sein Unrecht wiedergutzumachen und künftig so zu handeln, wie Jesus von Nazaret es vorgelebt hat, und in der Kraft seines Geistes ihm nachzufolgen.

EINZELBEICHTE UND BUSSFEIER: ZWEI FORMEN FÜR DAS SAKRAMENT DER VERSÖHNUNG

Ausgehend vom Verständnis von Schuld und Sünde, wie ich es im vorhergehenden Kapitel beschrieben habe, und aufbauend auf die Frage, wovon der Mensch zu erlösen ist, befassen sich die Überlegungen in diesem Kapitel mit den beiden gegenwärtig in der kirchlichen Praxis verbreiteten Formen des Busssakramentes, oder, wie wir heute sagen, des Sakraments der Versöhnung. Dazu eine Vorbemerkung: Die Erlösung im umfassenden Sinn kommt uns Christen durch den Glauben an den gekreuzigten und auferweckten Herrn Jesus Christus zu, wie ich im ersten Kapitel schon ausgeführt habe. Dieser Glaube aber wird uns geschenkt mit dem Wort der Frohen Botschaft und durch die Sakramente, die der heilige

Augustinus, einstmals Bischof von Hippo in Nord-
afrika, «sichtbare Worte» genannt hat.

Biblische Zeit bis zum 2. Jahrhundert
Schon bei Matthäus haben wir die berühmte Stelle
von der brüderlichen Zurechtweisung: «Wenn dein
Bruder gegen dich gesündigt, so weise ihn unter
vier Augen zurecht. Hört er auf dich, so hast
du deinen Bruder zurückgewonnen. Hört er aber
nicht auf dich, dann nimm einen oder zwei Män-
ner mit; denn jede Sache muss durch die Aussage
von zwei oder drei Zeugen entschieden werden.
Hört er auch auf sie nicht, dann sag es der Gemeinde. Hört er aber auch auf die Gemeinde nicht,
dann sei er für dich wie ein Heide oder Zöllner»
(Matthäus 18,15–17). An diese Mahnung schliesst
sich dann das Wort an, dass solches Binden und Lösen
auch vor dem Himmel gilt. Bei Paulus haben wir eine
ganze Reihe von Lasterkatalogen mit Vergehen, die
sich mit einem christlichen Leben in der Nachfolge
Jesu und als Glieder seines Leibes nicht vereinbaren
lassen (vergleiche Römer 6,1–11). Und im 5. Kapitel
des 1. Korintherbriefes behandelt er einen Fall von
Blutschande mit der Anweisung, diesen Mann für eine
gewisse Zeit aus der Gemeinde, d. h. besonders auch

vom Abendmahl auszuschliessen, damit sein Geist am Tag des Herrn gerettet werde (Verse 1–4). Diese in der apostolischen Zeit geübte Praxis des Ausschlusses aus der Gemeinde und der Wiederaufnahme nach vollzogenen Busswerken nennt man «Exkommunikationsbusse».

In den ersten Gemeinden wurde die Bekehrung oder Hinwendung zu Jesus Christus durch das Sakrament der Taufe (und Firmung) besiegelt. Von nun an war das neue Gemeindeglied ein «Heiliger» oder eine «Heilige», wie Paulus seine Adressaten in den Briefen oft anspricht. Sie hatten nun ein entsprechendes Leben in der Nachfolge Jesu zu führen. Das Sakrament der Eingliederung in die Kirche war – und ist bis heute – zugleich das Sakrament der Versöhnung schlechthin.

Für die ersten christlichen Gemeinden war es klar: Durch die Taufe (zuerst ja vor allem von Erwachsenen) werden den Menschen alle Sünden nachgelassen. Die Getauften hatten fortan als Geheiligte zu leben und nicht in das frühere (sündige) Leben zurückzufallen. Die Gemeinde Jesu soll eine heilige Gemeinde sein. Bald aber stellte sich die Frage, was hat mit jenen zu geschehen, die sich eines schweren und öffentlich bekannten Vergehens schuldig gemacht haben. Unter diesen Vergehen verstand man vor allem Abfall zum Götzendienst (besonders in den Verfolgungszeiten), Ehebruch und Mord. Solche Sünden wurden als *capitalia* bezeichnet, ein Vorläuferbegriff der seit

dem Mittelalter bis heute als Todsünde bezeichneten
Schuld, die eine schwere Trennung von Gott und
Mensch bedeutet.

> In juristischer Terminologie spricht man heute analog von
> Kapitalverbrechen.

In einem solchen Fall war eine zweite Taufe zur Sündenvergebung ja nicht möglich. Im 2. Jahrhundert haben
wir dann eine ganze Anzahl von Kirchenvätern, die
diese Lehre der apostolischen Zeit weiter ausbauen
und mindestens eine einmalige Wiederaufnahme in die
kirchliche Gemeinschaft auch bei schweren Sünden
lehren. So etwa «der Hirt des Hermas», der um 150
abgefasst worden ist und sehr hohes Ansehen genoss.

> Teilweise wurde er sogar den kanonischen Schriften des Neu-
> en Testamentes – also dem Kernbestand der Bibel –zugezählt.
> Vom Charakter her gehört er zur apokalyptischen, d. h. eine
> Endzeit erwartenden Literatur.

Die Einmaligkeit der Busse begründet er mit dem nahe
bevorstehenden Anbruch des Gottesreiches. An dieser
einmaligen Möglichkeit der Busse nach schweren Sünden halten dann sowohl im Osten wie im Westen eine
ganze Reihe von Kirchvätern, wie man die Schriftsteller jener Zeit nennt, fest.

Die Zeit der frühen Kirche
Das 3. Jahrhundert ist dann gekennzeichnet durch
mannigfache Bussstreitigkeiten, die sich immer wieder
darum drehten, ob die Kirche das Recht habe, Kapital-

sünden überhaupt zu vergeben. Hier nahmen vor allem der römische Priester Novatian, aber auch Vertreter anderer Ortskirchen eine strenge Haltung ein: Die Kirche muss eine heilige Kirche bleiben, sie darf mit Sündern nichts zu tun haben. Demgegenüber vertraten andere die Ansicht, dass Gott bei entsprechender Gesinnung alle Sünden vergebe und dass damit auch die Kirche durch den entsprechenden Ortsbischof unter Handauflegung die Sünderin und den Sünder nach getaner Busse wieder in die Kirche aufnehmen könne.

Aus diesen Auseinandersetzungen entstand, gestützt auf die biblische Überlieferung von den Sündenvergebungen Jesu und auf jene Stellen, die auch den Jüngern die Vollmacht zur Sündenvergebung übertrugen, die altkirchliche Busspraxis: Der rückfällige Getaufte wurde zunächst von der Eucharistiegemeinschaft ausgeschlossen, musste sich dann während einer Zeit der Kirchenbusse bewähren und wurde schliesslich wieder zur Teilnahme an der Eucharistiefeier zugelassen. Diese öffentliche Busspraxis wurde aber nur in jenen Fällen durchgeführt, in denen auch das Vergehen öffentlich gewesen war.

Auch zahlreiche Partikular- oder Diözesansynoden setzten sich in der Folge mit dem Thema auseinander. Einig waren sie sich vor allem darin, dass man einen Sünder spätestens auf dem Sterbebett wieder in die Kirche aufnehmen sollte.

Das Mittelalter

Auf welche Weise sich dann im iro-angelsächsischen Raum die Möglichkeit durchsetzte, dass man die Rekonziliation (Versöhnung durch Sündenvergebung) immer wieder und nicht nur durch den Bischof, sondern auch durch einen Presbyter empfangen konnte, ist bis heute nicht eindeutig geklärt. Wir haben es als Entwicklung des 6. Jahrhunderts einfach hinzunehmen. Es wurde von den Mönchen propagiert und verdankt sich wohl seelsorglichen Gründen. Durch diese missionierenden Mönche (Kolumban, Bonifatius) gelangte die Möglichkeit der Wiederholbarkeit der Rekonziliation dann auf das europäische Festland und setzte sich allmählich durch, so dass wir von mittelalterlichen Fürsten wissen, dass sie auf all ihren Reisen und Kriegen nicht nur ein kostbares Stundenbuch zur Hand hatten, aus dem sie täglich beteten oder die Messe mitverfolgten, sondern immer auch einen Beichtvater bei sich hatten. Diese so genannte Privatbusse wurde auf verschiedenen Synoden diskutiert und schliesslich vom 4. Laterankonzil in Rom 1215 für alle Christen als verbindlich erklärt. Mehr noch: Es bestand fortan nicht nur die *Möglichkeit*, mehrfache Sündenvergebung zu erhalten, es wurde sogar zur *Pflicht*, wenigstens einmal im Jahr das Bussakrament zu empfangen – ebenso wie die Eucharistie.

Die Reformationszeit

Das Konzil von Trient (1545–1563), das sich vorwiegend mit den Lehren der Reformatoren und ihrer Rechtfertigungslehre auseinanderzusetzen hatte, hielt dann endgültig fest, dass die Busse eines der sieben Sakramente sei, das Christus mit den bekannten Worten aus dem Johannesevangelium eingesetzt habe: «Empfangt den Heiligen Geist; denen ihr die Sünden nachlasst, denen sind sie nachgelassen, und denen ihr sie behaltet, denen sind sie behalten» (20,22 f.).

Während der Zeit des Konzils von Trient, im Jahr 1559 veröffentlichte der Genfer Reformator Johannes Calvin seine Schrift «Institutio christianae religionis». Sie steht in der Tradition der Reformatoren, deren Kernanliegen u. a. als Folge der katholischen Fehlentwicklungen im Ablasswesen und in der Inquisition eine Neugestaltung des kirchlichen Busswesens war. Dabei standen die Theologen des ausgehenden Mittelalters vor busstheologischen Problemen, die den heutigen nicht unähnlich sind. Calvin greift inhaltlich und begrifflich die vom Trienter Konzil am 15.10.1551 veröffentlichten zwölf Bussartikel auf und gliedert den Vorgang der Rekonziliation in einen Dreischritt: Reue *(contritio)* – Sündenbekenntnis *(confessio)* – Rechtfertigung/Genugtuung *(satisfactio)*. Dann analysiert er die damals gängigen Formen, in denen dieser Dreischritt vom schuldbewussten Sünder gegangen werden konnte.

Die folgenden Ausführungen fasse ich zusammen aus Heribert Schützeichel: Die Beichte vor dem Priester in der Sicht Calvins, in: Theologische Fakultät Trier (Hg.): Dienst der Versöhnung. Umkehr, Buße und Beichte – Beiträge zu ihrer Theologie und Praxis, Trierer Theologische Studien; 31 (1974), 67–89, aus dem auch die Zitate stammen.

1. Die (innere) Beichte vor Gott.

   Diese wird in der Bibel vorgeschrieben (vgl. Psalm 32,5; Psalm 51; Daniel 9,5; 1. Johannesbrief 1,9) und wird bei den griechischen Kirchenvätern ausgefaltet, v. a. bei Johannes Chrysostomos (349/350–14.9.407). Die Benediktsregel rät, sie ins tägliche Gebet zu integrieren (Kapitel 4,57). Sie geschieht aus aufrichtiger Reue. Die Reformsynode von Chalon im Jahr 813 stellt sie sogar in ihrer Wirksamkeit neben die Beichte vor dem Priester. Calvin folgert: «Wenn Bekenntnis vor Gott von der vollkommenen Reue getragen wird […], empfängt [der Sünder] wegen der Natur und Heilskraft der Liebe (vgl. Joh 14,21.23; 1 Joh 4,7; 1 Petr 4,8) sofort, das heißt schon vor der sakramentalen Beichte und Absolution die Vergebung auch der Todsünden.» (69)

2. Die Beichte vor den Menschen

   Sie entspricht dem gemeinsamen Sündenbekenntnis der versammelten Gemeinde und hat ihre Wurzeln sowohl im Alten Testament (Levitikus 16,21; Nehemia 9,1–3) als auch in der Verkündigung Jesu. Sie war schon früh in den Gottesdienstformen üblich und seit dem 10. Jahrhundert gleich im Anschluss an die Predigt oder unmittelbar vor der Kommunionspendung vorgesehen. Calvin übernahm diese traditionelle Form des liturgischen Bekenntnisses, das auch als Offene Schuld bezeichnet wird, in seine Gottesdienstordnung: «‹Wenn die ganze Gemeinde›, so erläutert er, ‹gleichsam vor Gottes Richterstuhl steht, sich als schuldig bekennt und ihre einzige Zuflucht in Gottes Barmherzigkeit hat, bedeutet es für sie keinen geringeren Trost, daß da ein Gesandter Christi ihr die Absolution verkündet.›» (70) Während für Calvin diese Form der Lossprechung keinen sakramentalen Charakter hat, bekam die Generalabsolution in der katholischen Kirche nach dem Zweiten Vatikanischen Konzil die Stellung einer ausserordentlichen Form des Bussakraments.

3. Die private Beichte (vor einem Nichtordinierten)
  Sie geht zurück auf den Jakobusbrief 5,16.20, findet sich aber auch in vielen anderen neutestamentlichen Andeutungen und entstammt der Erkenntnis, dass sich etwas bzw. sich der Bekennende selbst ändern müsse. Die «Wirksamkeit» dieser Form des Bekenntnisses im Sinne einer Sündenvergebung sieht Calvin eher auf psychologischer Ebene. Einen sa-

kramentalen Charakter spricht er auch ihr ab. Obwohl Calvin die Sakramentalität der Busse nicht im katholischen Sinn anerkennen kann, gehört neben der Reue Gott gegenüber, die in der Beichte ihren Ausdruck findet, auch die Versöhnung mit der Kirche, also mit der Gemeinschaft der Christen, dazu. Und wie für Calvin die Sünde eine Verletzung nicht nur des Verhältnisses zu Gott, sondern auch zu den Menschen ist, so ist die kirchliche Gemeinschaft der Ort, an dem die Sündenvergebung erfahren und von ihren Dienern und Hirten durch die Verkündigung des Evangeliums und die Verwaltung der Sakramente mitgeteilt werde (vgl. 73).

Heribert Schützeichel schliesst: «Die Beichtarten, die Calvin unterscheidet, eröffnen den Blick auf die legitime Vielfalt der Möglichkeiten des Sündenbekenntnisses: die Beichte vor Gott, die Offene Schuld, die Versöhnungsbeichte und die private Beichte vor dem christlichen Bruder, insbesondere vor dem Priester. Man darf freilich nicht übersehen, daß zwischen diesen beiden Formen der Beichte Beziehungen bestehen. Die Beichte vor Gott bildet die Seele des gemeinschaftlichen Sündenbekenntnisses und der privaten Beichte vor dem Priester. Die Beichte zur Versöhnung mit dem Bruder und mit der Kirche läßt sich nicht trennen von der Beichte vor Gott und dem Sündenbekenntnis im Beichtstuhl, sofern nach der Hl. Schrift der Friede mit dem Bruder und mit der Kirche und der Friede mit

Gott nicht beziehungslos nebeneinander existieren. Die private Beichte vor dem christlichen Bruder [... wie unter 3. beschrieben] kann der Beichte vor Gott, der Beichte zur Versöhnung und der Beichte vor dem Priester förderlich sein. Von der den Katholiken am meisten geläufigen sakramentalen Beichte lassen sich, wenn auch unterschiedliche, Verbindungslinien ziehen zur Beichte vor Gott, zur Versöhnungsbeichte und der Beichte von Bruder zu Bruder. Alle Beichtarten können die Sündenvergebung durch Gott bewirken oder dazu beitragen: die Beichte vor Gott als entscheidender Bestandteil gläubiger Reue, das in echter Bußgesinnung vollzogene gemeinsame Sündenbekenntnis (weshalb man die sündentilgende Bedeutung eines Bußgottesdienstes nicht allein von dessen Sakramentalität her sehen darf), die Versöhnungsbeichte, in der im Gedanken an Christus die Verzeihung erbeten und gewährt wird, die Beichte [... im Sinne einer ernsten und tröstenden Aussprache] und schließlich die sakramentale Beichte im Hinblick auf die priesterliche Absolution [...].» (74)

Die gegenwärtige Situation in der römisch-katholischen Kirche

Die römisch-katholische Kirche unterschied nach dem Zweiten Vatikanischen Konzil (1962–1965) zwei Formen des Busssakramentes: a) die Einzelbeichte, in der sich ein einzelner Christ vor dem

Priester begangener Sünden anklagt, seine Reue bekundet und dann vom Priester eine entsprechende Bussleistung (meist in Form eines Gebetes) und die jurisdiktionelle Lossprechung von den Sünden zugesprochen erhält; b) die gemeinsame Bussfeier der versammelten Gemeinde, in der miteinander über Schuld und Sünde nachgedacht, zur Busse aufgerufen und am Schluss die Generalabsolution erteilt wird. Die Bedingungen für die zweite Form ohne persönliches Schuldbekenntnis wurden vom neuen Kirchenrecht 1983 in den Canones (so bezeichnet der Codex des kanonischen Rechts die einzelnen Vorschriften) 961–963 festgehalten und in der Schweiz seit dem 15. März 1989 weit ausgelegt. In der Folge fanden solche Bussfeiern mit Generalabsolution die breite Zustimmung und den breiten Zustrom der Gläubigen.

Mit dem Apostolischen Schreiben «Misericordia Dei» von Johannes Paul II. vom 7. April 2002 wurde die Generalabsolution nur noch in Todesgefahr erlaubt und den einzelnen Bischofskonferenzen aufgetragen, für ihren Zuständigkeitsbereich (Länder, Sprachen oder Regionen) ihre Regelungen für das Sakrament der Versöhnung diesem Schreiben anzupassen. Die Schweizer Bischofskonferenz hat daraufhin mit ihrem Erlass «Revision der Partikularnormen der Schweizer Bischofskonferenz zum neuen Kirchenrecht. Dekret zu can. 961 CIC» (1. Januar 2009) auf der einen Seite die sakramentale Einzelbeichte wieder neu ins Bewusstsein gerufen und dazu ermuntert. Auf der andern Seite empfiehlt sie gemeinsame Bussfeiern mit einer deprekativen (betend-bittenden) Lossprechungsformel. So wird deutlich, dass alle Gläubigen immer wieder der Umkehr und Busse bedürfen. Es wird von den Bischöfen aber festgehalten, dass die Bussfeiern mit deprekativem Lossprechungsgebet kein Sakrament sind.

PERSÖNLICHE REFLEXION

Meine persönlichen Erinnerungen reichen in die vierziger Jahre des 20. Jahrhunderts zurück. Mit neun Jahren wurden wir klassenweise auf die Einzelbeichte vorbereitet. Hilfe dazu bot der so genannte Beichtspiegel in den Kirchengesangbüchern, der die möglichen Sünden zu den einzelnen Gottes- und Kirchengeboten aufzählte. Wir wurden angehalten, wenigstens monatlich, wenn nicht sogar wöchentlich zur Beichte zu gehen, um danach in der Eucharistiefeier die Kommunion empfangen zu können. Beichtväter, Pfarrer und Vikare, gab es damals noch genug, um den grossen Ansturm am Samstagabend zu bewältigen.

Die damalige Beichtpraxis war für viele von uns eine nicht immer angenehme und oft auch gefürchtete Pflicht, zumal bei so genannten Todsünden die vollzählige Aufzählung nötig war. Der Priester im

Beichtstuhl agierte ja nach damaligem Verständnis nicht in erster Linie als Seelsorger, sondern als Richter. Oftmals fühlte man sich nachher aber auch erleichtert; denn man glaubte ja fest, dass Gott selbst durch die Lossprechung des Priesters uns alle Sünden nachgelassen und wir wieder ein ganz reines Gewissen hätten.

In den ersten Jahren meiner Seelsorgetätigkeit kam dann die Idee und die Praxis von der persönlichen Beichte auf. Man legte nicht mehr so sehr wert auf das möglichst vollständige Bekenntnis aller Sünden, sondern versuchte, mit dem Pfarrer oder Vikar in ein Gespräch über die persönliche religiöse Situation zu kommen. Neben den traditionellen Beichtstühlen begann man entsprechende Beichtzimmer einzurichten. Das wurde von vielen Gläubigen sehr geschätzt, aber dieses Beichtgespräch wurde nicht mehr in der gleichen Regelmässigkeit genutzt wie die frühere Form der «Ohrenbeichte». Das Beichtgespräch hatte jetzt eine stark seelsorgliche Tendenz bekommen. Es wurde abgeschlossen mit einem Schrifttext und der gewohnten rechtlich verbindlichen Lossprechungsformel, die für die sakramentale Beichte vorgeschrieben war und bis heute lautet: «Gott, der barmherzige Vater, hat durch den Tod und die Auferstehung seines Sohnes die Welt mit sich versöhnt und den Heiligen Geist gesandt zur Vergebung der Sünden. Durch den Dienst der Kirche schenke er dir Verzeihung und Frieden. So spreche ich dich los von deinen Sünden im Namen des Vaters und des Sohnes und des Heiligen Geistes. Amen.»

Nachdem auch diese mehr seelsorgliche Form der Einzelbeichte immer mehr zurückging und die Zahl der zur Verfügung stehenden Priester in den Gemeinden stetig abnahm, wurde von den Bischöfen die Bussfeier mit Generalabsolution gestattet, wie sie heute noch unter Nr. 24 des Katholischen Gesangbuches aus dem Jahr 1998 zu finden ist. Erfahrene Pastoraltheologen stellten dafür entsprechende Hilfen in grosser Zahl zur Verfügung, die Bussfeiern wurden in den Pfarreien meist sehr sorgfältig vorbereitet und von den Gläubigen dankbar angenommen. Gewöhnlich fanden diese Gottesdienste vor den grossen Feiertagen statt. Mit der Zeit zeigte sich aber, dass fast nur noch jene Gläubigen zu den Bussfeiern kamen, die in ihrer Kindheit und Jugend die regelmässige Einzelbeichte praktiziert hatten. Die jüngere und mittlere Generation blieb auch diesen Feiern so fern wie der persönlichen Einzelbeichte. Das mag verschiedene Gründe haben, etwa einen starken Wandel im Empfinden dessen, was Sünde und Schuld vor Gott ist, und auch die Überzeugung, dass der Mensch für den Zugang zu Gott neben dem einen Mittler Jesus Christus nicht noch andere menschliche Mittler nötig habe.

Um ganz vollständig zu sein, müsste diesen Ausführungen über die Entwicklung des Buss-Sakramentes auch noch eine Ausführung über die Entwicklung der christlichen Moraltheologie und Ethik beigefügt werden. Zu den ursprünglich als schwere Sünden bezeichneten Vergehen kamen im Laufe der Zeit immer mehr Verfehlungen dazu, die man als lässliche Sünden bezeichnete. Im Mittelalter verfassten gebildete Theologen dann die Beichtbüchlein oder Beichtspiegel, die dem einzelnen Seelsorger halfen, für entsprechende Sünden dem Busswilligen auch die entsprechende Bussleistung aufzuerlegen. Während die schwere Sünde nach der mittelalterlichen Scholastik den Menschen von Gottes Gnade *trennt, verletzt* die lässliche Sünde die Beziehung zu Gott nur. Sie ist darum auch nicht zwingend dem Busssakrament unterstellt, sondern kann auch auf andere Weise (Gebet, gute Werke) gesühnt und verziehen werden.

Neu war beim ganzen Verfahren der auf diesem Weg eingeführten Privat- oder Ohrenbeichte, dass auch geheime Verfehlungen dazu gehörten und dass das Bekenntnis der Sünden vor dem Priester und die Lossprechung zeitlich miteinander verknüpft wurden, die Bussleistung aber diesen beiden Akten erst nachfolgte. Bei der altchristlichen Exkommunikationsbusse ging es ja um öffentlich bekannte Verfehlungen, dem folgte der Ausschluss aus der Eucharistiegemeinde, die Einreihung in den Stand der Büsser, oft durch ein eigenes Kleid kenntlich, danach die Zeit der Kirchenbusse und endlich die Wiederaufnahme durch Handauflegung durch den Ortsbischof als Zeichen der Vergebung und Versöhnung.

PASTORALTHEOLOGISCHE ANFORDERUNGEN

Kommen wir zu einer pastoraltheologischen Überlegung: Im Vaterunser steht die Bitte um Vergebung der Schuld, dem bei Lukas 11,5–8 das Gleichnis vom bittenden Freund angefügt ist, das zeigt, wie grossmütig Gott Bitten aufnimmt. Auch dem Empfang der Eucharistie wurde immer eine sündentilgende Kraft zugesprochen. Die Menschen dürfen darauf vertrauen, dass Gott das Gebet um Vergebung von Schuld erhört. Dass es im Leben der kirchlichen Gemeinschaft beide Formen der Busse (also die Einzelbeichte mit sakramentaler Lossprechung) und die gemeinschaftliche Bussfeier mit der Bitte um Verzeihung der Schuld gibt und weiterhin geben soll, dürfte eine Bereicherung sein. In der gemeinsamen Bussfeier wird man vor allem darauf achten, das Gewissen der Gläubigen durch eine entsprechende Predigt und Gewissenserforschung zu bilden. Das scheint mir wichtig in einer Zeit, die in einem grossen Werte*wandel* und Werte*verlust* steht, ja, manchmal völlig orientierungslos scheint. Denn ohne gemeinsam anerkannte Werte kann menschliches Zusammenleben in der Gesellschaft auf die Dauer nicht gedeihen. Zudem sind Werte*konflikte* ein dauerhaftes und jeweils nur individuell zu betrachtendes Grundproblem des menschlichen Gewissens.

Solche Wertekonflikte sind Situationen, die unbedingt eine Entscheidung verlangen, aber keine mögliche Alternative ist ausschliesslich gut oder ausschliesslich schlecht. Egal wie man sich entscheidet, man tut immer zugleich auch etwas Unrechtes. Als Beispiele möchte ich auf die vermeintlich harmlose Problematik der Notlüge und auf die schwerwiegende medizinische Frage der Abtreibung im Falle der Todesgefahr für die Mutter hinweisen.

Letztlich aber ist die Frage, welche Form der Busse ich für mein persönliches Leben wähle, ein Akt der persönlichen Gewissensentscheidung. Alle Formen beruhen auf dem Glauben, dass Gott ein verzeihender Gott ist, der uns, wenn wir Böses getan haben, vergibt und zu einem guten, am Nächsten und der Umwelt orientierten Leben führen will. Für mich machen da die deprekative Lossprechungsformel, wie sie heute oft am Beginn der Eucharistiefeier gesprochen wird, und die indikativische Formel keinen wesentlichen Unterschied. Schliesslich kommt es bei beiden auf die ehrliche Bussgesinnung des schuldig und sich dessen bewusst gewordenen Menschen und auf den allgemeinen Verzeihungswillen Gottes an.

Begriffliche Anmerkung: Für den ordinierten Amtsträger habe ich hier die übliche Bezeichnung Priester gewählt, obwohl man neutestamentlich begründet eigentlich von Presbytern sprechen sollte, wie ich im Kapitel «Die Krise des katholischen Priesterbildes. Bemerkungen zum kirchlichen Amt aus biblischer Sicht» im Buch «Theologie am Nachmittag: der Kirche und ihren vielfältigen Ämtern begegnen», Zürich 2009, 42–53, dargelegt habe.

EUCHARISTIE UND ABENDMAHL ALS FEIER UND QUELLE DER ERLÖSUNG

Alle christlichen Kirchen feiern Abendmahl oder Eucharistie, und sie führen diese Feier auf die Einsetzung durch Jesus Christus zurück. Die Ausgestaltung dieser Feier ist in den jeweiligen Kirchen sehr verschieden, und verschieden ist auch die Art und Weise, wie sie die Gegenwart des Gekreuzigten und Auferstandenen in dieser Feier verstehen. Hingegen gilt allen das «Herrenmahl», wie es die frühen Christen bezeichneten, als ein Gedächtnis des erlösenden und befreienden Wirkens des gekreuzigten und auferweckten Herrn. Die feiernde Gemeinde erinnert sich in der Wortverkündigung, in Liedern und Gebeten, aber besonders auch bei der Mahlfeier an ihren Herrn und glaubt an seine im Geist wirksame erlösende Gegenwart in ihrer Mitte.

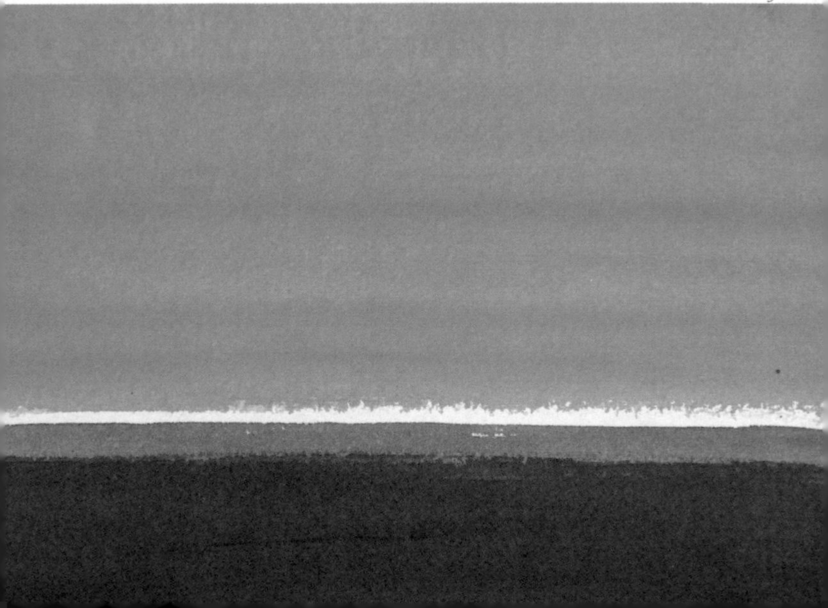

Die Feier dieses Herrenmahles ist uns seit den ältesten christlichen Zeiten durch vielfache Zeugnisse belegt. Erinnert sei vor allem an Paulus, der im 1. Korintherbrief 11,17–34 der Gemeinde von Korinth Anweisungen über die rechte Feier des Herrenmahles gibt und dabei zugleich auch sagt, dass die Feier auf Jesus selbst zurückgehe, im Besonderen auf das Mahl, das er mit seinen Jüngern in der Nacht, da er ausgeliefert wurde, gehalten habe. Der Apostel deutet dieses Mahl als Gedächtnismahl und als Mahl des Neuen Bundes, den Gott durch das erlösende Wirken des Jesus von Nazaret mit den Menschen geschlossen habe. «Tut dies zu meinem Gedächtnis» zitiert Paulus als Jesu Stiftungswort, und so oder in ähnlichem Wortlaut hören es auch heute noch die christlichen Gemeinden, wenn sie Jesu Mahlfeier begehen. In der römisch-katholischen Kirche sprechen wir von der Eucharistiefeier, was so viel heisst wie Dankfeier für die Erlösung (und die Schöpfung), in der uns Erlösung immer neu zugesagt und geschenkt wird, besonders im Wort und im Genuss der eucharistischen Gaben von Brot und Wein.

Der Hauptteil dieses Kapitels beschäftigt sich, nachdem wir nun den Erlösungscharakter der Feier bedacht haben, mit der Frage, was die Christen der einzelnen Kirchen und Konfessionen unter der Gegenwart des Gekreuzigten und Auferstandenen in den Mahlgaben von Brot und Wein verstehen. Nach einem dogmengeschichtlichen Überblick zu dieser Frage werden wir sehen, wie sich der Erlösungsgedanke durch die uns vertrauten eucharistischen Hochgebete der römisch-katholischen Kirche hindurchzieht. Dabei werden wir uns vor allem an das Votivhochgebet «Versöhnung» halten, das diesen Gedanken besonders schön ausdrückt.

Wie denken sich Christen die Gegenwart ihres Herrn, wenn sie von der Eucharistie sprechen? Das ist, wie wir sehen werden, unterschiedlich, und unterschiedlich war es auch im Lauf der Christentumsgeschichte. Diese Verschiedenheit gilt aber heute nicht nur zwischen den einzelnen Kirchen und Konfessionen, vielmehr geht sie quer durch die Kirchen und Konfessionen hindurch, d. h. in einer katholischen Eucharistiefeier beispielsweise würden wir bei den einzelnen Teilnehmerinnen und Teilnehmern unterschiedliche Antworten bekommen auf die Frage, wie sie sich die Gegenwart des Herrn in dieser Feier und besonders unter den sakramentalen Zeichen von Brot und Wein vorstellen. Die Zeiten sind vorbei – ich beziehe mich hier vor allem auf die mir persönlich bekannten schweizerischen Verhältnisse –, in denen ein einheitliches Katechismuswissen die Gläubigen verband.

In der folgenden dogmengeschichtlichen Entwicklung der Abendmahlslehre kommen wir auch zu dem Kern, der die christlichen Kirchen in dieser wichtigen Frage eint, besonders weil die eucharistische Gastfreundschaft in ernst zu nehmendem Mass praktiziert wird, somit also einer gemeinsamen Basis bedarf und diese voraussetzt.

ENTWICKLUNG DER CHRISTLICHEN LEHRE VON DER GEGENWART DES HERRN UNTER DEN ZEICHEN VON BROT UND WEIN

Biblische Zeit

Das Neue Testament kennt vier Einsetzungsberichte: 1. Korintherbrief 11,23–26, Lukas 22,15–20, Markus 14,22–25 und Matthäus 26,26–29. «Ein erster Überblick über die Berichte zeigt, dass sich alle vier Perikopen auf ein und dasselbe Ereignis beziehen, auf Jesu letztes Mahl vor seiner Passion. Dieses wird von den Synoptikern als Paschafeier angekündigt, in seinem Verlauf aber nicht als solche näher beschrieben. Vielmehr heben die Berichte nur zwei typisch jüdische Mahlriten hervor, nämlich Jesu Handlungen mit Brot und Wein, deren Segnung und Austeilung an die Jünger. Dabei begnügt sich Jesus nicht mit den üblichen jüdischen Segensformeln, er gibt vielmehr dem dargereichten Brot einen Bezug auf seinen in den Tod dahingegebenen Leib, dem Wein auf sein vergossenes Blut, und er aktualisiert den dadurch gewirkten neuen und eschatologischen [d. h. endgültigen] Bund Gottes mit den Menschen. Schliesslich schlägt er von seinem letzten Mahl eine Brücke zum zukünftigen Reich-Gottes-Mahl als der vollendeten Einigung von Gott und Menschen» (so Johannes Betz in Mysterium salutis. Grundriss heilsgeschichtlicher Dogmatik, Band 4.2, Einsiedeln 1973, 187).

Die genannten Berichte haben ihren Ursprung im historischen Menschen Jesus von Nazaret, stammen aber in ihren heutigen Formulierungen aus dem Gemeindekult und reichen nach Ausweis ihres Sprachkolorits bis in die palästinensische Gemeinde zurück (vgl. J. Betz, Mysterium salutis, 188 f.). Jesu letztes Abendmahl steht nicht beziehungslos in seinem Leben und in seiner Zeit da. Es ist auch nicht vereinzeltes Faktum, sondern wächst als markanter Abschluss aus einer eifrig geübten Mahlpraxis Jesu hervor: Immer wieder hat Jesus mit Menschen verschiedenster Schichten und religiöser Sozialisierung Mahl gehalten, denn Mahlgemeinschaft bedeutet nach jüdischer Anschauung Solidarisierung mit den Tischgenossen. Als Bote Gottes dokumentiert Jesus dadurch Gottes Interesse an den Menschen. Was von der Mahlpraxis Jesu im Allgemeinen gilt, gilt in ganz besonderer Weise von seinem Abschiedsmahl. Darüber hinaus hat es eine starke innere Beziehung zur jüdischen Paschafeier, ist Gedächtnis des alttestamentlichen Bundes Gottes mit den Menschen und zugleich Ausblick auf das endgültige und kommende Mahl im Reiche Gottes. (Vgl. J. Betz, Mysterium salutis, 193–195).

Die Rückführung der äusseren Abendmahlshandlung (Gesten und Riten mit Brot und Wein) auf Jesus bedeutete für die nachösterliche Gemeinde, für die spätere Kirche und für die Theologen keine Schwierigkeit. Die Frage drehte sich im Verlauf der Kirchen- und Dogmengeschichte vielmehr immer um den Inhalt des Abendmahls. Was bedeutet es eigentlich, wenn die Gemeinde Abendmahl feiert, und wie ist Jesus in dieser Feier gegenwärtig? Dass die Feier der Gemeinde auf Jesu letztes Mahl zurückverweist und vorausweist auf das «himmlische Hochzeitsmahl» (vgl. Offenbarung 19,9) im Reich Gottes, ist allgemeine Ansicht aller christlichen Kirchen. Doch *wie* ist der gekreuzigte und auferstandene Herr in dieser Feier gegenwärtig, wie besonders unter den sakramentalen Zeichen von Brot und Wein? Hier gingen und gehen bis heute die Meinungen auseinander. Sie reichen von der blossen Gedächtnisfeier («Tut dies zu meinem Gedächtnis») bis zu einer fast dinghaft aufgefassten Realpräsenz.

Einige repräsentative Positionen, die im Laufe der Dogmenentwicklung vorgetragen wurden, seien herausgegriffen. Aus dem Neuen Testament und der Didache (wahrscheinlich syrische Kirchenordnung um 100) wird die starke endzeitliche Ausrichtung des Abendmahls ersichtlich: Der Blick der sich versammelnden Gemeinde ist nach vorn gerichtet, auf das Kommen des Herrn bei der Erfüllung von Zeit und Geschichte. Das bezeugt vor allem die vielsagende Bekenntnisformel «Maranatha» (unser Herr, komm). Doch ist hier wohl nicht nur das Kommen Jesu am Ende der Zeiten gemeint, sondern auch sein Kommen jetzt in die gegenwärtige Mahlfeier. Für Paulus ist die Eucharistie

Herren-Mahl, Mahl also, das der erhöhte Herr mit seiner Heilskraft erfüllt. Für Johannes ist Jesus in seinem ganzen Leben und Wirken «Himmelsbrot», geistliche Speise für den Menschen auf seinem Lebensweg. Das verdichtet sich im eucharistischen Sakrament auf einmalige Weise, denn hier ist Jesus mit seiner ganzen Person geistlich anwesend. Im Mahl erfüllt er die Gemeinde mit seinem Pneuma, seinem Geist. Das Pneuma ist das Eigentliche und Leben Spendende in der Eucharistie, und nicht die *sarx,* das Fleisch und das Blut, dinghaft-körperlich missverstanden.

Während in der Frühzeit das Herrenmahl mit einem Sättigungsmahl verbunden war (vgl. 1. Korintherbrief 11,17–34), wurden die beiden später voneinander getrennt, und das Herrenmahl verband sich mit dem von der Synagoge angeregten Wortgottesdienst. Mit dem Begriff der Eucharistie drückte man aus, dass in dieser Feier für die Gaben der Schöpfung und Erlösung gedankt wird. Zugleich ist diese Feier auch Opfer in jenem geistlichen Sinn, von dem Paulus spricht. Für ihn sind Gebete und ein gutes Leben die eigentlichen Opfergaben für Gott.

Die griechische Tradition

Für die griechischen Kirchenväter ist das Herrenmahl Einigung mit Jesus Christus selbst, ein unvergängliches Liebesmahl (vgl. etwa Ignatius von Antiochien, † um 110). Nach Irenäus von Lyon empfangen die

Elemente von Brot und Wein den *logos* Gottes (das Mensch gewordene Wort Gottes nach dem Johannes-Evangelium) hinzu, werden zum Leib und Blut Christi. Das Eindrücklichste aber, was das 2. Jahrhundert geleistet hat, ist die Ausgestaltung der eucharistischen Liturgie (vgl. dazu die Kirchenordnung Hippolyts, um 215 in Rom verfasst). Die in der «Apostolischen Überlieferung» verfasste Kirchenordnung schenkt uns das erste eucharistische Hochgebet, verstanden nicht als unverrückbare Formel, sondern als Beispiel, wie der Bischof (der Vorsteher der Gemeinde) betend Dank sagen soll. Hier wird auch deutlich, dass sich die Kirche wesentlich als Eucharistiegemeinschaft versteht. Dieses Verständnis hat sich in der katholischen Kirche bis heute durchgehalten und spielt im ökumenischen Dialog eine wichtige Rolle.

Die alexandrinische Tradition
In der alexandrinischen Schule (die theologisch-philosophische Richtung zwischen 300 und 600 aus Ägypten, die das Christentum weitgehend prägte) sahen die Theologen Wesen und Würde des Christentums in der Teilhabe am göttlichen *logos* (Wort), der uns in Jesus Christus zugänglich wurde. Dieses Wort ist Fleisch geworden (Inkarnation nach dem lateinischen Wort *caro* für Fleisch). Der Empfang des *logos* in Gestalt der leibhaftigen Speisen von Brot und Wein ist für die Alexandriner aber nicht die einzige und auch nicht

die höchste Kommunionweise. Das vollendete Abendmahl ist vielmehr die geistige Aneignung des *logos*, die
geistige Aneignung Jesu Christi, so die Theologen Kle-
mens von Alexandria († vor 215) und Origenes (†
253/254). Eine praktische Konsequenz davon zeigte
sich im frühchristlichen ägyptischen Mönchtum: Die
Eremiten lebten oft jahrelang in der Wüste, dem Stu-
dium der Heiligen Schrift und dem Gebet hingegeben,
ohne an einem Gottesdienst teilzunehmen oder die Eucharistie zu empfangen: Sie hatten die Idee der geistigen
Kommunion, die bis ins 20. Jahrhundert hinein etwa
für Kriegsgebiete oder Konzentrationslager eine wichtige Rolle spielte. Ich meine, dass wir von diesem alten
Gedanken lernen können, dass es auch in der gefeier-
ten Eucharistie und in der realen Kommunion nicht um
eine fleischliche Begegnung mit dem gekreuzigten und
auferstanden Herrn geht, sondern um eine zwar reale,
aber geistige Begegnung. Cyrill von Alexandria († 444)
spricht davon, dass die Gaben von Brot und Wein in
die Kraft und Wirkmächtigkeit des *logos* verwandelt
werden. Begegnung zwischen Personen ist zwar immer
leiblich sinnenhaft vermittelt, spielt sich aber wesentlich im Geistigen ab. Dies gilt auch für die gläubige
Begegnung mit Jesus Christus, dem erhöhten Herrn.

Die antiochenische Tradition
Die andere theologische Richtung, die vor allem die
östliche Christenheit prägte, die Schule von Antio-

chien, betont vor allem den Gedächtnischarakter der Eucharistie. Sie ist Gedächtnis der Menschwerdung, vor allem aber des Todes und der Auferstehung Jesu. Das ganze Heilswerk wird in ihr erinnert und zwar so, dass es liturgisch und sakramental gegenwärtig wird. Diejenigen, die an der Feier der Eucharistie teilnehmen, erhalten die Kraft des Heilswerks Jesu im Glauben angeeignet. Sie nehmen am erlösenden und befreienden Handeln Jesu teil. Die vom Glauben erspürte Gleichsetzung des sakramentalen mit dem wirklichen Leib Christi wird denkerisch abgesichert durch den Begriff der Wandlung, die der Heilige Geist vollzieht. Nach dem Konzil von Ephesus (325) verblasst diese Sicht der Eucharistie bei den Antiochenern aber immer mehr, die Wandlungsaussagen verschwinden, ja, werden direkt abgelehnt.

Die lateinische Tradition

Die Eucharistielehre der lateinischen Kirchenväter ist nicht so perspektivenreich wie die der Griechen. Während beispielsweise Tertullian († nach 220) und Ambrosius von Mailand († 397) eine sehr handgreifliche Realpräsenz des Leibes und Blutes Christi lehren, ist die Lehre des Augustinus von Hippo (†430) recht zwiespältig. Das Abendmahl ist ihm primär und wesentlich Zeichen. Er nennt es *signum, figura, similitudo* des Leibes und Blutes. Das Zeichen oder Sakrament weist in seiner platonisierenden Sicht auf die eigentliche Wirklichkeit hin wie das konkrete Ding auf die Idee dahinter, bleibt aber hinter deren Seinsdichte wesentlich zurück.

Die platonische Vorstellung des Verhältnisses von Idee zum konkreten Ding wird deutlich, wenn man sich einen Tisch vorstellt. Die Idee des Tisches ist eine waagerechte Fläche, auf der gearbeitet, etwas abgestellt oder an der gegessen werden kann. Das konkrete Ding kann aber eine hölzerne Platte mit vier Beinen sein, eine an der Wand befestigte Klappvorrichtung oder ein kunstschmiedeeisernes Zierstück, das der Form eines Tisches ähnelt, aber aufgrund seiner Beschaffenheit als solcher nicht zu gebrauchen ist.

Die eigentliche Wirklichkeit, Jesu Leib und Blut, sind nicht direkt in den konsekrierten Zeichen enthalten, sondern bleiben ausserhalb ihrer. Anderseits weitet Augustinus das Wesen der Eucharistie auch aus. Das Sakrament weist nicht nur auf den realen, physisch in Galiläa während rund dreissig Jahren vorhandenen Leib Christi hin, sondern auch auf den mystischen, die Kirche. Wir empfangen, was wir sind, und wir sind, was wir empfangen. Die Einheit mit Christus und den Mitchristen, das innere Wesen des Sakraments ist letztlich personal-geistiger Natur. Realisiert wird sie in Glaube, Hoffnung und Liebe. So verlagert sich der Schwerpunkt weg von den konsekrierten Mahlgaben auf den Vollzug, auf das geistige Tun der Teilnehmer. Es kommt auf die innere Aneignung des gekreuzigten und auferstandenen Herrn mit dem Herzen an, eine Sicht, die uns Heutigen zweifellos sehr entspricht.

Das Mittelalter

Die mittelalterliche und scholastische Theologie ist gekennzeichnet durch zahlreiche Auseinandersetzungen zwischen einer mehr realistischen und einer mehr symbolischen Eucharistielehre. Beide bejahen eine wirkliche Gegenwart des Herrn in der Eucharistiefeier. Aber jetzt taucht mit neuer Vehemenz die Frage auf, wie sich die auf dem Altar befindlichen Gaben von Brot und Wein zu Jesu Leib und Blut verhalten. Weisen sie nur zeichenhaft sakramental auf Jesu Leib und Blut hin, bleiben aber Brot und Wein, oder werden sie ihrem inneren Wesen nach in Jesu Leib und Blut verwandelt?

Den entscheidenden Abschnitt der Lehrentwicklung eröffnet Berengar von Tours († 1088), der scharf zwischen Zeichen und Bezeichnetem unterscheidet. Die Elemente von Brot und Wein erfahren durch die Konsekration (Herabrufung des Heiligen Geistes und Verkündigung des Abendmahlsberichts) nicht einen *Seins*wandel, sondern einen *Bedeutungs*wandel. Sie werden zu Symbolen des Leibes und Blutes Christi und damit zur Anregung für den gläubigen menschlichen Geist, sich mit dem himmlischen Christus geistig zu vereinen.

Demgegenüber wird von anderer Seite die eigentliche Wandlung der Substanzen von Brot und Wein in den Leib und das Blut des himmlischen Christus betont und dafür der Begriff der **Transsubstantiation** gefunden. Dieser formelle Terminus technicus begegnet aber erst bei Robertus Pullus um 1140. Für den heutigen Gläubigen ist dieser Begriff nicht mehr sehr hilfreich, setzt er doch die Kenntnis der aristotelischen Begriffe von Substanz und Akzidens voraus, die nichts mit dem entsprechenden Substanzbegriff der modernen Physik zu tun haben. Wollte man die scholastische Lehre verständlich machen, müsste man etwa vom inneren geistigen Wesen einer Sache und von ihrer äusseren Erscheinung sprechen. Damit aber werden wir wiederum wie schon bei Augustinus darauf verwiesen, dass es bei der Eucharistie nicht um die Gegenwart einer Sache, sondern um die Begegnung mit einer Person geht, wie schon mehrfach erwähnt: um die Begegnung mit dem gekreuzigten und auferstandenen Herrn in der Feier und im Sakrament der Eucharistie. Karl Rahner hat im 20. Jahrhundert für die Sakramente den sehr hilfreichen Begriff des Realsymbols geprägt: Das Sakrament ist ein Symbol, in dem das Bezeichnete enthalten ist und das somit das Bezeichnete gegenwärtig macht.

Ausgehend vom Transsubstantiationsbegriff wurden im späteren Mittelalter immer seltsamere Einzelfragen zum Verhältnis von dem auf dem Altar sichtbaren Brot zur Gegenwart des Leibes Christi, wie auch von dem auf dem Altar im Kelch befindlichen Wein zur Gegenwart des Blutes Christi gestellt. Viele dieser Diskussionen empfinden wir heute als müssig, und so übergehe ich sie und wende mich nun der Lehre der Reformatoren zu.

Reformationszeit

Die Eucharistie, die auch noch in der veräusserlichten Übung des Spätmittelalters das Herz der Kirche und ein Knotenpunkt ihres Dogmas war, wurde in der Reformation zum Gegenstand erbitterten Streites. Es war nicht nur die verlotterte Messpraxis, es war die katholische Grundidee von der Messe als Opfer, die den Protest der Reformatoren von ihrem Grundprinzip her, dass wir aus Gnade allein gerechtfertigt werden, herausforderte. Alle Reformatoren lehnen den Opfercharakter der Messe entschieden ab, weil sie sonst Werkfrömmigkeit würde.

Eine Analyse des Opferverständnisses durch die deutsche Politikerin und evangelische Theologin Antje Vollmer zeigt auf, welche Facetten aufscheinen können, wenn in Religion vom Opfer gesprochen wird: «Opferpraktiken [...] gab es einfach überall, genauso wie es überall religiöse Vorstellungen gab und bestimmte Orte, die sich für religiöse Praktiken herauskristallisierten, seien es nun Totenstätten oder später die Tempel und Altäre für die religiösen Zeremonien.

Was ist das Opfer? Wer braucht das Opfer? Wem dient das Opfer? Ein heutiger aufgeklärter Mensch denkt schnell an primitive Vorgänge, an Blutvergiessen, an Menschenopfer, an Tierschlachtungen und all das, was dem modischen feinen Geschmack widerstrebt. Er sieht dahinter kannibalische blutige Brutalität einer archaischen sadistischen Gottesvorstellung. Die Ursprungspraxis des Opferns aber zielt auf eine Funktion für die Gesellschaft. Es ist nicht ein Gott, der das Opfer braucht, sondern die Gemeinschaft der Menschen braucht es für die eigene Überlebensfähigkeit. Opfern ist nicht das Synonym für töten, sondern Opfern ist gleichbedeutend mit einem die Gottheit, die Ahnen oder die Gesellschaft versöhnenden Akt. Das Opfer hat immer einen Anlaß, und der Anlaß ist Bedrohung, Unfrieden, Naturkatastrophe, Krieg, Mord. Wenn so etwas eingetreten ist, was alle beunruhigt, sucht die Gemeinschaft nach einem symbolischen Akt, um die Störung zu beseitigen. Sie fühlt, etwas ist in Unordnung geraten und muß im Angesicht der Götter wieder in Ordnung gebracht werden. Nicht jeder darf das tun. Gerade dafür gibt es Auserwählte, ausgebildete und befugte Priester, Medizinmänner, Schamanen, Kultfunktionäre. Sie bestimmen den Ort, wo geopfert wird. Sie führen die Regeln korrekt aus, sie bestimmen das Opfer und sie vollführen die Zeremonien, die nur ein Ziel haben: daß danach Frieden einkehrt. Das Opfer ist also die kultische, symbolische Ersatzhandlung für den Krieg. Wenn bereits Blut geflossen ist, unterbricht das Opfer die Gesetze der Blutrache, die ins völlige Chaos führen. Es soll gerade den Krieg, vor allem den Bürgerkrieg mit seinen Eskalationen verhindern oder doch magisch unterbrechen. Das Opfer ist die letztmögliche Vermittlung zwischen dem

Geschädigten und dem Täter. Das Opfer ist die Besiege-
lung alter Bündnisse und Verträge. Das Opfer versöhnt die
Gesellschaft, indem sie sich neu wieder der alten Regeln,
Gottes- und Menschenverhältnisse erinnert, mit denen sie
sich einst gegründet hatte. Es gibt kein wirksames Opfer,
wenn es nicht diese Kraft hat, zu versöhnen und einen
neuen Friedenszustand herbeizurufen.» (Aus: Antje Vollmer: Gott im Kommen. Gegen die Unruhestifter im Namen
Gottes, München 2007, 35–37)

Doch konnten die Reformatoren sich nicht einig werden über den Gehalt der Abendmahlsgaben von Brot
und Wein. **Huldrych Zwingli** entwirft seine Abend-
mahlstheologie von der Gottunmittelbarkeit des
Menschen her: Christus ist gegenwärtig im Wort, und
der Heilige Geist wirkt unmittelbar den Glauben. In
diesem Denken vermitteln die Sakramente nicht Gnade, sie sind Zeichen des Glaubens der Gemeinschaft
der Gläubigen. Das «Nachtmahl» ist Gedächtnis und
öffentliche Danksagung für Jesu einmalige Opfertat,
die keine Wiederholung duldet und den Opfercharakter der Eucharistie ausschliesst. Das Brot ist nicht der
Leib Christi, sondern bezeichnet ihn nur.

Martin Luther betrachtet die Eucharistie *als sum-
ma et compendium evangelii* (die Spitze und Zu-
sammenfassung des Evangeliums, WA 6, 525, 36)
Ihr Wesensgehalt ist die leibliche Gegenwart Christi
(Realpräsenz) für uns. Der Sündennachlass ist die
eigentliche Gabe der Eucharistie. Im Altarssakrament

bindet Christus seine Leiblichkeit an Brot und Wein und macht so deren Allgegenwärtigkeit für uns greifbar, gewiss und heilsam. Brot und Wein bleiben in ihrem Bestande erhalten, sie werden aber mit dem Leib und Blut eine sakramentliche Einheit. In diesen Zusammenhang gehört die berühmte Formel «im Brot, mit Brot, unter Brot». An der ontologischen Analyse der Realpräsenz (ob sich also in der Eucharistie auch die materiellen Eigenschaften von Brot und Wein ändern) ist Luther auch deswegen nicht sonderlich interessiert, weil das Sakrament für ihn wesentlich ein Geschehnis ist: «Nehmt und esst.» Aufbewahrung und Anbetung der Hostien sind zu vermeiden. Die Dauer der Realpräsenz erstreckt sich für Luther vom Sprechen der Einsetzungsworte bis zum Empfang der eucharistischen Gaben.

Johannes Calvin bemüht sich um einen Brückenschlag zwischen Luther und Zwingli. Von Augustinus ausgehend nimmt er nicht eine wesenhafte Identität, aber eine Entsprechung zwischen Zeichen und Wahrheit an. Das Sakrament vermittelt eine wirkliche Teilhabe an Christi Leib und Blut. Diese Teilhabe am himmlischen Christus vermittelt der Heilige Geist. Wir werden durch den Geist zu Christus emporgezogen, wenn wir am Abendmahl teilnehmen. Calvin geht es um eine geistgewirkte und geistige Realpräsenz, oder besser noch Personalpräsenz Christi.

Die Gegenreformation

Die katholische Reaktion auf die Lehre der Reformatoren geschah im Konzil von Trient (1545–1563), das sowohl die Realpräsenz Christi unter den Gestalten von Brot und Wein festhielt als auch den Opfercharakter der Messe betonte. Dabei gehe es nicht um eine Wiederholung der einmaligen Tat Christi, sondern um ihr Gedächtnis, um ihre Gegenwärtigsetzung in unsere Zeit hinein. Der Begriff der Transsubstantiation wurde zwar im Konzil verwendet, ohne aber die naturphilosophische Seite dieser Lehre genauer zu umschreiben. Das Konzil definiert die Gegenwart der ganzen Person Christi in jedem Teil der eucharistischen Gestalten, hält die Fortdauer dieser Gegenwart auch nach der eucharistischen Handlung fest und betont die Anbetungswürdigkeit und Aufbewahrung der eucharistischen Gestalten an einem würdigen Ort (Tabernakel, Sakramentshäuschen).

Das 20. Jahrhundert

Die liturgische Bewegung im 20. Jahrhundert und das Zweite Vatikanische Konzil (1962–1965) haben an den überkommenen Lehren festgehalten, aber den Handlungscharakter und den Mahlcharakter der Eucharistiefeier in den Vordergrund gerückt.

In diesem Zusammenhang seien noch zwei Begriffe genannt, die in der neueren, v. a. niederländischen Theologie versucht haben, die Lehre von der Realpräsenz des auferstandenen Herrn in der Eucharistie für uns verständlicher zu machen. Statt von Transsubstantiation sprechen diese Theologen von **Transsignifikation** (Bedeutungswandel: Das eucharistische Geschehen wird vom bisherigen Bedeutungszusammenhang, etwa dem von Lebensmittel und Zeichenhandlung Jesu, umgewandelt in einen neuen, höheren Sinnzusammenhang, etwa den, dass der Verzehr des durch das Wirken des Geistes verwandelten Brotes und Weines die «kommunizierenden» Menschen selbst verwandelt) und **Transfinalisation** (Zielwandel: Die Menschen werden durch die Teilnahme an der Eucharistiefeier auf ein göttliches Ziel hin ausgerichtet). Im Religionsunterricht betont man heute schlicht, dass beim Essen des heiligen Brotes und beim Trinken aus dem Kelch Jesus Christus in unser Herz komme und sich mit uns verbinde. Als Versuch einer bildlichen Vorstellung habe ich diesen Vorgang von Verwandlung der Bedeutung den Schülern jeweils mittels eines Beispiels erklärt: Eine Rose, die im Garten steht, ist eine Pflanze. Wenn diese gleiche Rose im Blumengeschäft zum Kauf angeboten wird, bleibt sie eine Pflanze, ist aber darüber hinaus auch ein Verkaufsgegenstand. Wenn ein Mann dann am Hochzeitstag diese Rose seiner Frau schenkt, bleibt sie eine Pflanze, bleibt ein Verkaufsgegenstand, wird aber darüber hinaus ein Zeichen der Liebe dieses Mannes zu seiner Frau, ein Zeichen, das diese Liebe nicht nur darstellt, sondern auch gegenwärtig macht.

Die Lehre über die Eucharistie oder das Abendmahl als Feier und als Sakrament hat eine wechselvolle Geschichte, die ich nur in den Hauptzügen dargestellt habe. Immer wieder haben wir in dieser Geschichte Ansätze dafür, dass es nicht um die Gegenwart einer Sache, sondern um die Gegenwart einer Person geht, nämlich um die Gegenwart des Gekreuzigten und Auferstandenen, der in seinem ganzen Leben und Wirken Brot für das Leben der Welt ist. Diese Gegenwart ist keine substanzhafte im Sinne des neuzeitlichen physikalischen Substanzbegriffs, sondern eine geistige, aber nichtsdestoweniger reale. Wo Christen miteinander Abendmahl feiern, ist der Auferstandene mitten unter ihnen im Wort, das gesprochen wird, und in den eucharistischen Gaben, die genossen werden. Das genaue Wie der Gegenwart im Sakrament ist für den heutigen Gläubigen eher weniger wichtig als für die Theologen früherer Zeiten. Wichtig ist ihm das Dass. Die verschiedenen Auffassungen über das Wie gehen heute quer durch die Konfessionen. Dass die Teilnahme an der Feier und am Sakrament der Eucharistie auch heute noch den Christen der verschiedenen Kirchen und Konfessionen etwas Wesentliches bedeutet, zeigt die oft geübte eucharistische Gastfreundschaft.

Ein wesentlicher konfessioneller Unterschied ist aber bis heute, dass wir Katholiken die eucharistischen Gaben nach der Mahlfeier an einem besonderen

Ort aufbewahren, weil sie für uns einen bleibenden Bezug zur vollzogenen Feier behalten. Die reformierten Kirchen in der Schweiz kennen eine solche Aufbewahrung nicht. Das übrig Gebliebene kann ausserliturgisch wiederverwendet werden.

ZUSAMMENFASSUNG

Halten wir zum Schluss das Wesentliche und Gemeinsame nochmals fest. In der Feier und in den sakramentalen Gaben von Brot und Wein begegnet uns wahrhaft der gekreuzigte und auferstandene Herr, der seine Kirche und mit ihr die Welt durch diese Zeit zur Vollendung in der ewigen Gottesherrschaft am Ende aller Zeiten führen will. So blicken wir in der Feier zurück auf die befreiende Lebenstat Jesu, blicken in die Gegenwart auf den unter uns handelnden Herrn und schauen aus nach der Vollendung des Heilsweges in der Ewigkeit Gottes.

Dass eine wie auch immer gedachte Teilhabe am Leib und Blut des Herrn erlösenden und befreienden Charakter hat, ist im dogmengeschichtlichen Überblick sicher deutlich geworden. Zum Schluss dieses Kapitels möchte ich nun auf diesen Aspekt besonders zurückkommen, und zwar anhand verschiedener Formulierungen im eucharistischen Votivhochgebet «Versöhnung», das erstmals 1975 herauskam, zu einer Zeit, in der an vielen Orten neue Hochgebete publiziert wurden.

Da heisst es gleich zu Beginn in der Präfation:

«Wir danken dir, Gott, allmächtiger Vater, und preisen dich für dein Wirken in dieser Welt durch unseren Herrn Jesus Christus: Denn inmitten einer Menschheit, die gespalten und zerrissen ist, erfahren wir, dass du Bereitschaft zur Versöhnung schenkst.»

Ich empfinde diese Formulierung wie ein sehr schönes Dankgebet für jenen Aspekt der Erlösung, den ich im ersten Kapitel betont habe: Erlösung ist immer auch Erlösung aus der Vereinzelung des Menschen hinein in eine Leben fördernde Gemeinschaft. Eine solche Gemeinschaft möchte auch die Kirche vor Ort sein, wenn sie sich zur sonntäglichen Eucharistie versammelt.

Nach dem Sanctus heisst es, jetzt deutlich auf das Wirken Jesu bezogen:

«Herr [gemeint ist Gott] aller Mächte und Gewalten, gepriesen bist du in deinem Sohn Jesus Christus, der in deinem Namen gekommen ist. Er ist dein rettendes Wort für uns Menschen. Er ist die Hand, die du den Sündern entgegenstreckst. Er ist der Weg, auf dem dein Friede zu uns kommt.»

Hier wird mit aller Deutlichkeit auf das erlösende Wirken Jesu verwiesen, der im Auftrag Gottes rettend und Frieden stiftend unter den Menschen gepredigt und gehandelt hat und es, gerade durch die Feier der Eucharistie, auch weiterhin tut.

Das dann in den Einsetzungsworten des Abendmahls an die erlösende Tat Jesu Erinnernde ist in allen eucharistischen Hochgebeten selbstverständlich und ist uns vertraut. Der an den Einsetzungsbericht anschliessende Lobpreis aller Mitfeiernden drückt dies theologisch aus, wenn es heisst:

«Deinen Tod, o Herr, verkünden wir, und deine Auferstehung preisen wir, bis du kommst in Herrlichkeit.»

Hier wird das erlösende Wirken Jesu vor allem in seinem Tod und seiner Auferstehung gesehen. Das Gebet blickt aber auch in die Zukunft, auf ein endgültiges Kommen Jesu am Ende der Zeiten, wie auch immer dies aussehen mag.

Der Schluss des Hochgebetes lautet:

«Wie du uns hier am Tisch deines Sohnes versammelt hast in Gemeinschaft mit der seligen Jungfrau und Gottesmutter Maria und allen Heiligen, so sammle die Menschen aller Rassen und Sprachen, aller Schichten und Gruppen zum Gastmahl der ewigen Versöhnung in der neuen Welt deines immerwährenden Friedens durch unseren Herrn Jesus Christus.»

Erlösung also für die ganze Welt, für alle Menschen im eschatologischen Reich Gottes, das Jesus als Messias verkündet hat. Dabei wird auch daran erinnert, dass wir schon jetzt in Gemeinschaft stehen mit allen Heiligen und Erlösten, die an diesem endzeitlichen Reich teilnehmen dürfen. Im Sanctus wurde der Blick schon geweitet hinauf in die Gemeinschaft mit den uns umgebenden Engeln.

Diese Beispiele mögen genügen. Eine Zeitlang waren auch Hochgebete aus Holland im Gebrauch. Sie malten das erlösende Wirken Jesu weiter aus, erinnerten auch an seine Predigt und seine Krankenheilungen. Da sie dadurch aber sehr weitschweifig wurden, verschwanden sie bei uns bald wieder, kam doch dieses Wirken Jesu in den Evangelienlesungen der Gottesdienste genügend zu Wort.

Eucharistie als Feier der Erlösung und der Gegenwart des gekreuzigten und auferweckten Jesus von Nazaret – die beiden für Katholiken nicht voneinander zu trennenden Themen bilden einen Kern unseres christlichen Bekenntnisses. Umso bedauerlicher, dass gerade dieser Kern eine der massgeblichen ökumenischen Schwierigkeiten ausmacht.

DIE LEHRE DES PAULUS VON DER RECHTFERTIGUNG DES MENSCHEN VOR GOTT

In den synoptischen Evangelien begegnen wir dem Menschen Jesus von Nazaret, der als Wanderprediger durch Galiläa zog und im Rahmen der damaligen jüdischen Apokalyptik den unmittelbar bevorstehenden Anbruch der Gottesherrschaft oder des Gottesreiches verkündete. Er predigte das nicht nur in Wort und Gleichnis, sondern auch durch seine zeichenhaften Heilungstaten, und er verknüpfte die Ankunft dieses Reiches mit seiner eigenen Person. In ihm ist die Gottesherrschaft schon da. Die Mitte seiner Verkündigung ist die Liebe Gottes des Vaters zu allen Menschen, vor allem auch zu den Armen und Sündern, zu den Menschen am Rande der Gesellschaft. Mit anderen Worten: Jesus stellte als geborener Jude

Jahwe, den Gott der Väter, ganz ins Zentrum seiner Botschaft.

Wegen des messianischen Charakters seiner Wirksamkeit, seiner Tempelkritik und der Relativierung des Sabbatgebotes wurde er von den massgebenden Vertretern des Judentums als Aufwiegler den Römern übergeben und unter Pontius Pilatus zum Tod am Kreuz verurteilt. Dieser Tod warf die Jünger und Jüngerinnen Jesu zunächst in tiefe Ratlosigkeit. Erst die Ostererfahrungen sammelten die Anhänger Jesu wieder, und sie waren überzeugt, dass Jesu Weg einer von Liebe geprägten und herrschaftsfreien Menschlichkeit durch Gott als richtig bestätigt worden sei. Dieser Rechtfertigung des Weges Jesu durch Gott gaben sie in den verschiedenen Ostererzählungen Ausdruck. In ihren Versammlungen, von denen uns vor allem die Apostelgeschichte berichtet, hielten sie das Gedächtnis an Jesus fest. Sie waren überzeugt, dass der Auferstandene mit seinem Geist weiterhin in ihrer Mitte anwesend sei und dass er bald wiederkomme, um die Seinen zu sich in die Herrlichkeit der neuen Welt Gottes heimzuholen.

Was lehrte der erste über die jüdische Vorstellungswelt hinaus denkende Theologe Paulus über diesen Jesus von Nazaret, dem er zu Lebzeiten wohl nie begegnet war, der ihn aber in einer Vision vom Christenverfolger zum begeisterten Anhänger Jesu gemacht hat, der für ihn der Messias-Christus und der Herr, der Kyrios war? Dieser Frage wollen wir im vorliegenden Kapitel nachgehen, indem wir die heute als echt geltenden (d. h. auf Paulus als Autor zurückgehenden) Paulusbriefe, die zu den ältesten Schriften des Neuen Testamentes gehören, näher betrachten. Es sind dies: der Römerbrief, die beiden Korintherbriefe, der 1. Thessalonicherbrief, der Galaterbrief, der Philipperbrief und der Brief an Philemon. Die übrigen «Paulusbriefe» werden heute als deuteropaulinisch bezeichnet, d. h. sie wurden von Schriftstellern, die vielleicht Schüler von Paulus waren und seiner Theologie nahestanden, aber nicht vom Apostel selbst verfasst.

Als Einleitung einige Angaben über den Apostel, bevor wir uns der gestellten Frage zuwenden. Paulus von Tarsus, dessen hebräischer Name *Scha'ul* (lateinisch: Saulus) lautet, war griechisch gebildeter Jude und gesetzestreuer Pharisäer, bevor er durch sein Damaskus-Erlebnis zum «Apostel des Evangeliums für die Völker» wurde (Galater 1,15 f.). Als solcher verkündete er Juden, aber vor allem auch Nichtjuden den auferstandenen Jesus Christus als den Messias und den Kyrios, den Herrn. Wichtig ist dabei zu wissen, dass in der griechischen Übersetzung des Alten Testamentes, der Septuaginta, *kyrios* für den hebräischen Gottesnamen Jahwe gebraucht wird. Jesus Christus rückt dadurch in den Paulusbriefen in eine grosse Nähe zu Gott. Darauf wird zurückzukommen sein.

Das grosse Thema der Verkündigung des Apostels ist aber nicht in erster Linie das Wesen und die Person Jesu, sondern seine Wirksamkeit: die Rechtfertigung des sündigen Menschen vor Gott – gleichzusetzen mit der Frage nach der Erlösung des Menschen von seiner Sündenverfallenheit. Diese vollzieht sich nach Paulus nicht, wie die jüdische Theologie lehrte, durch Werke des Gesetzes, sondern allein durch den Glauben an die erlösende Tat Jesu, seinen Tod am Kreuz. Dieser Tod ist für Paulus Sühnetod. Jesus hat sein Blut vergossen zum Heil der Welt. Die Gegenüberstellung von jüdischer Gesetzesfrömmigkeit und der Rechtfertigung durch den Glauben an den Gekreuzigten und Auferstandenen ist Hauptthema des Galaterbriefes. So heisst es etwa Galater 2,21: «denn käme die Gerechtigkeit [das Gerechtfertigtsein vor Gott] durch das Gesetz [die Befolgung der alttestamentlichen Vorschriften], so wäre Christus vergeblich gestorben». Oder Galater 5,1: «Zur Freiheit hat uns Christus befreit. Bleibt daher fest und lasst euch nicht von neuem das Joch der Knechtschaft [gegenüber dem Gesetz] auflegen!»

Die Rechtfertigungslehre des Paulus setzt die allgemeine Sündenverfallenheit der Menschen voraus, die der Apostel vor allem in den ersten Kapiteln des Römerbriefes breit entfaltet (vgl. besonders Römer 1–3). Sowohl Augustinus als auch später Martin Luther und dann wieder Karl Barth haben in ihrer Theologie die Lehre des Paulus von der Gerechtsprechung des Menschen aufgrund des Glaubens an Jesus Christus weiter entfaltet. Einer der schönsten Sätze des Römerbriefes (5,1) lautet: «Gerecht gemacht aus Glauben, haben wir Frieden mit Gott durch Jesus Christus, unseren Herrn.» Luthers Beharren auf der Rechtfertigung aus dem Glauben allein und nicht durch gute Werke war einer der Streitpunkte zur Zeit der Reformation und wurde auf dem Konzil von Trient (1545–1563), das die so genannte Gegenreformation betrieb, breit diskutiert. Vor wenigen Jahren wurde jedoch der Unterschied in der Rechtfertigungslehre zwischen der römisch-katholischen Kirche und den Kirchen der Reformation beigelegt: Die Gerechtigkeit des Menschen vor Gott kommt allein aus der Gnade, die Christus durch seinen Sühnetod am Kreuz verdient hat.

Wegen seiner Rechtfertigungslehre mit der Rede vom Ende der Gesetzesfrömmigkeit und damit verbunden mit seiner Rolle im Streit über die Aufnahme von Heiden in die christlichen Gemeinden, was schliesslich zur Herauslösung dieser Gemeinden aus dem Judentum geführt hat, wurde Paulus von vielen Denkern seit der Aufklärung als der eigentliche Begründer des Christentums betrachtet.

Doch nun: was erfahren wir weiter aus den Briefen des Apostels über die Gestalt und die Bedeutung des Rabbi Jesus von Nazaret? Dazu verweisen wir zuerst auf den bekannten Hymnus im 2. Kapitel des

Philipperbriefes, der nach heutiger Auffassung dem Apostel schon vorlag, vermutlich aus der Taufliturgie stammend. Doch Paulus macht ihn sich zu eigen und stellt mit ihm den Christen vor Augen, wie sie zu leben haben. Der einleitende Satz des Paulus lautet: «Seid untereinander so gesinnt, wie es dem Leben in Christus Jesus entspricht:» (und dann der eigentliche Hymnus:)

«Er [Jesus Christus] war Gott gleich, hielt aber nicht daran fest, wie Gott zu sein, sondern er entäusserte sich und wurde wie ein Sklave und den Menschen gleich. Sein Leben war das eines Menschen; er erniedrigte sich und war gehorsam bis zum Tod, bis zum Tod am Kreuz. Darum hat ihn Gott über alle erhöht und ihm den Namen verliehen, der grösser ist als alle Namen, damit alle im Himmel, auf der Erde und unter der Erde ihre Knie beugen vor dem Namen Jesu und jeder Mund bekennt: ‹Jesus Christus ist der Herr› – zur Ehre Gottes des Vaters.» (2,6–11)

In dieser Erhöhungs-Christologie wird der Mensch Jesus von Nazaret durch Gott zum bevollmächtigten Weltenherrscher eingesetzt. Paulus nennt ihn wegen dieser überragenden Stellung auch «Sohn Gottes». So etwa in Römer 8,31 f.: «Ist Gott für uns, wer ist dann gegen uns? Er hat seinen eigenen Sohn nicht verschont, sondern ihn für uns alle hingegeben – wie sollte er uns mit ihm nicht alles schenken?» Die Erlösung schafft aber nicht nur die Menschen neu und macht sie zu Miterben und zu Söhnen und Töchtern Gottes, «sondern die ganze Schöpfung soll von der Sklaverei und Verlorenheit befreit werden zur Freiheit und Herrlichkeit der Kinder Gottes. Denn wir wissen, dass die gesamte Schöpfung bis zum heutigen Tag seufzt und in Geburtswehen liegt.» (Römer 8,21 f.) Dieser letzte Satz könnte uns vielleicht auch helfen, Naturkatastrophen und ähnliches in die Erlösungslehre zu integrieren und so einen Beitrag leisten zur Theodizee-Frage («Wo ist Gott, wenn so etwas passiert?» oder «Gibt es angesichts dessen überhaupt Gott?»).

Der zitierte Hymnus spricht auch von der Präexistenz Christi, von seinem Sein in der Herrlichkeit Gottes, bevor er, sich erniedrigend, Mensch wurde, wie ein Mensch lebte und nach seinem Tod von Gott über alle Wesen erhöht wurde. Rudolf Schnackenburg meint aber, dass Paulus weder den Präexistenzgedanken noch die Kyrios-Verehrung in die christliche Verkündigung eingeführt habe. Er habe aber beides vertieft und seinen hellenistischen Gemeinden zugänglich gemacht (so im Lexikon für Theologie und Kirche ; 5, Freiburg i. Br. 1960, 936). Es wird im besprochenen Hymnus etwas über Jesus von Nazaret ausgesagt, was wir in den Evangelien der Synoptiker so nicht finden.

Während für die palästinensischen Gemeinden im aramäischen Ruf «Maranatha» («Komm, Herr Jesus») vor allem die Wiederkunft des zu Gott erhöhten Menschensohnes zum Heil der Welt im Zentrum stand, wurde beim Übertritt der christlichen Botschaft in die hellenistische Welt das «göttliche» Wesen des Heilsbringers immer wichtiger, da für die Griechen Heil in der Teilhabe am Leben Gottes bestand. Zu beachten bleibt aber, dass der strenge Monotheismus (Glaube an einen einzigen Gott) des Alten Testamentes durchaus gewahrt bleibt, wenn es bei Philipper 2,11 heisst: «Jesus Christus ist der Herr – zur Ehre Gottes des Vaters.» Jesus ist also nicht einfach gleich Gott. Aber solche und ähnliche Aussagen haben dann in den folgenden Jahrhunderten bis hin zum Konzil von Chalkedon (451) immer neu die Frage aufgeworfen, wie genau das Verhältnis des Jesus von Nazaret zum göttlichen Geist und zu Gott dem Vater zu beschreiben sei. Es würde jedoch den Rahmen dieses Aufsatzes über die paulinische Christologie sprengen, wollten wir diesen Werdegang hier weiter verfolgen.

Für diese Problematik weise ich hin auf Helmut Fischer: Haben Christen drei Götter? Entstehung und Verständnis der Lehre von der Trinität, Zürich 2008.

Hingegen ist noch ein Punkt unbedingt zu erwähnen, der in der Rechtfertigungslehre des Paulus für den Apostel eine ganz zentrale Rolle spielt. Gemeint ist das «In-Christus-Sein» des Glaubenden. Der Apostel sagt das zunächst von sich aus: «Nicht mehr ich lebe, sondern Christus lebt in mir. Soweit ich aber jetzt noch in dieser Welt lebe, lebe ich im Glauben an den Sohn Gottes, der mich geliebt und sich für mich hingegeben hat» (Galater 2,20). Doch gilt dieses Innewohnen Christi für alle Gläubigen, die ja nach dem 6. Kapitel des Römerbriefes durch die Taufe mit Christus begraben und auferstanden sind. Zu Beginn des 8. Kapitels heisst es: «Jetzt gibt es keine Verurteilung mehr für die, welche in Christus Jesus sind.» Beides kennt der Apostel: Christus in uns, wir in Christus. Die Fachleute nennen das eine reziproke Immanenzformel. Beide Formulierungen wollen nichts anderes ausdrücken als die innige Verbundenheit Christi mit den Seinen. Sie kommt durch den Glauben und die Taufe zustande und ist nichts anderes als ein personal gewendetes Bild für die Rechtfertigung aus Glauben.

Die Verbundenheit mit Christus schenkt zugleich Verbundenheit mit der Liebe Gottes, des Vaters. Und sie ist nicht zerstörbar. In Römer 8,38 f. heisst es: «Denn ich bin gewiss: Weder Tod noch Leben, weder Engel noch Mächte, weder Gegenwärtiges noch Zukünftiges, weder Gewalten der Höhe oder Tiefe noch irgendeine andere Kreatur können uns scheiden von der Liebe Gottes, die in Christus Jesus ist, unserem Herrn.»

Wenn die paulinische Kyrios-Christologie vor allem hellenistisches Gedankengut verarbeitet, so muss doch noch erwähnt werden, dass auch Jüdisches in das Christusbild des Paulus eingeflossen ist, wenn er ihn den zweiten, neuen oder letzten Adam nennt (vgl. Römerbrief 5,12–21 und 1. Korintherbrief 15,45). Dieser letzte Adam wird zum Leben spendenden Geist für alle, die sich ihm im Glauben anschliessen. Und da ist noch ein anderer interessanter Hinweis auf das Alte Testament im 1. Korintherbrief 10,1–4: «Ihr sollt wissen, Brüder, dass unsere Väter alle unter der Wolke waren, alle durch das Meer zogen und alle auf Mose getauft wurden in der Wolke und im Meer. Alle assen auch die gleiche gottgeschenkte Speise, und alle tranken den gleichen gottgeschenkten Trank; denn sie tranken aus dem lebensspendenden Felsen, der mit ihnen zog. Und dieser Fels war Christus.» In dieser typologischen Auslegung des Felsens auf Christus hin zeigt sich deutlich, dass der Apostel nicht nur das griechische Gedankengut kannte, sondern eben auch rabbinisch-pharisäisch geschult war.

ZUSAMMENFASSUNG

In den Evangelien des Markus, Matthäus und Lukas tritt uns Jesus als Verkünder der Gottesherrschaft entgegen und weist alle göttlichen Prädikationen von sich.

Vergleiche etwa das Wort: «Was nennst du mich gut, keiner ist gut ausser Gott!» (Lukas 18,19) Diese Evangelien wurden einige Zeit nach den Paulusbriefen abgefasst (etwa zwischen 60 und 80). Für das Johannes-Evangelium (abgefasst um 100) ist Jesus in einer Anlehnung an den jüdischen Philosophen Philo von Alexandria das Mensch gewordene Wort Gottes, der in Jesus inkarnierte *logos* Gottes. Für Paulus aber ist er der *kyrios,* der Herr, der Messias, der eigene Sohn Gottes, der uns durch seinen Sühnetod am Kreuz mit Gott versöhnt und so den Weg zu Gott eröffnet hat. Kurz, er ist der Erlöser der Menschen und der Herr und das Haupt von Kirche und Welt. Vielleicht aber hat uns dieser geraffte Durchgang durch die Paulusbriefe auch gezeigt, dass es dem Apostel in allen seinen Aussagen über Jesus Christus nicht in erster Linie um eine Wesensbeschreibung des Jesus von Nazaret geht, sondern um eine Funktionsbeschreibung: Seine Christologie ist in erster Linie Soteriologie, Erlösungslehre.

IM KERN DER BOTSCHAFT LIEGT IHRE GLAUBWÜRDIGKEIT – EIN PERSÖNLICHES NACHWORT

Die christlichen Kirchen Westeuropas und Nordamerikas befinden sich seit einigen Jahrzehnten in einer starken Zerreissprobe. Da haben wir auf der einen Seite die Fundamentalisten und Biblizisten, die jeden Satz der Bibel, besonders auch des Neuen Testamentes, und die überlieferten Dogmen wörtlich verstanden wissen wollen. Und da haben wir auf der andern Seite die Vertreter der historisch-kritischen Bibelexegese und der Dogmengeschichte, die uns nachdrücklich auf das geschichtliche Wachstum der biblischen Schriften und der später formulierten Dogmen hinweisen. Für die erstgenannte Gruppe steht vieles ein für alle Male fest, für die Zweitgenannten ist auch in Sachen Religion wie bei den anderen kulturellen Schöpfungen der

Menschheit vieles im Fluss und muss im Fluss bleiben. Herbert Haag hat 2000 ein schmales Buch veröffentlicht mit dem vielsagenden Titel «Nur wer sich ändert, bleibt sich treu». Dabei hat er allerdings in erster Linie die Strukturen der Kirche in den Blick genommen, über die ich im Büchlein «Theologie am Nachmittag: der Kirche und ihren vielfältigen Ämtern begegnen» nachgedacht habe. Hier soll es nun vor allem um den wesentlichen *Inhalt* der christlichen Botschaft gehen.

Die mehr im Untergrund als an der Oberfläche schwelende Polarisierung zwischen Traditionalisten und Fortschrittlichen in den christlichen Kirchen Westeuropas und Nordamerikas dürfte mit ein Grund dafür sein, dass sich, was die Zahl der Gottesdienstteilnehmenden anbelangt, die Kirchen in den letzten Jahrzehnten immer mehr geleert haben und die gewöhnlichen Sonntagsgottesdienste fast nur noch von der älteren, kirchlich stark sozialisierten Generation besucht werden. Ausgenommen von diesem Schwund sind zurzeit noch die speziell für die jüngere Generation gestalteten Familiengottesdienste, in denen auch Kinder mitwirken, und die Orchestermessen, die vor allem die Liebhaber klassischer Musik anziehen. Sonst aber haben die jüngere und mittlere Generation entweder der Religion ganz den Rücken gekehrt oder sich eher fundamentalistischen Jugendsekten, charismatischen Gemeinschaften und Freikirchen oder vom Hinduismus und Buddhismus geprägten Gruppierungen angeschlossen. Jedenfalls scheint es auf den ersten Blick so, dass die «grossen» Kirchen in ihrer Verkündigung keine Antworten mehr geben auf die Fragen, die die mittlere und jüngere Generation bewegen, vor allem auf die Frage nach dem Sinn und der Mitte des eigenen Lebens. Es scheint so, müsste aber nicht so sein, wenn die Kirchen sich in ihren dogmatischen und ethischen Lehren auf den Kern der Botschaft Jesu konzentrieren und auch ihre Strukturen – hier spreche ich besonders von der römisch-katholischen Kirche – der neuzeitlichen Entwicklung anpassen würden. Das meint aber gerade nicht, auf jeden Trend zu setzen und beliebig zu werden. Vielmehr geht es nicht darum, mit alten Lösungen auf neue Fragen zu antworten, sondern neue Lebenswelten und veränderte gesellschaftliche Wirklichkeiten wahrzunehmen und zu prüfen, wie das erlösende, befreiende, zur Umkehr rufende und Leben spendende Wort Gottes in unsere heutige Welt hinein zu übersetzen ist.

Was aber ist der bleibende und zu bewahrende Kern der Botschaft Jesu? – Das ist die Frage, die uns im Folgenden beschäftigen soll. Sie ist keineswegs neu. Immer wieder wurde nach dem Evangelium im Evangelium gefragt. Und die Vertreter der historisch-kritischen Bibelexegese suchten unter all den überlieferten Jesus-Worten nach den *ipsissima verba* Jesu (das höchstwahrscheinlich von Jesus selbst Gesagte). Ich erinnere mich noch gut daran, wie mein damaliger Lehrer im Neuen Testament vor ungefähr 50 Jahren sagte, dass selbst kritischste Exegeten ein Wort als zweifelsfrei auf Jesus zurückführten: *abba,* «lieber Vater» als Gottesanrede. Inzwischen machen uns allerdings die Bibelwissenschafter darauf aufmerksam, dass diese Anrede in neutestamentlicher Zeit auch von anderen damals schon gebraucht wurde. Das heisst: die Anrede des einen Gottes Jahwe als Vater hat Jesus sicher gebraucht, aber nicht als einziger.

Trotzdem ist mit dieser Anrede Gottes im Grunde der Kern der christlichen Botschaft ausgesagt. Ich möchte das in einigen Gedanken ausführen. Für jene Philosophen der Antike, die zum Eingottglauben vorstiessen, war Gott vor allem die Urkraft, die die Welt erschuf und durchwaltet. So mag es vielen Zuhörern der Areopagrede in Athen durchaus vertraut vorgekommen sein, wenn Paulus formulierte: «Denn in ihm leben wir, bewegen wir uns und sind wir, wie auch einige von euren Dichtern gesagt haben: Wir sind von seiner Art» (Apostelgeschichte 17,28). Die scholastische Philosophie des Mittelalters sprach von Gott als vom Ursprung und Ziel aller Dinge, aber auch vom unbewegten Beweger, vom absoluten Sein und vom Urbild, in dem alles Geschaffene schon seit Ewigkeit vorexistiere.

Ganz anders redet die Bibel von Gott. Für sie ist Jahwe ein Gott der Geschichte, ein Gott, der in die

Geschichte eingreift und sie zu einem bestimmten Ziel führen will. Im Alten Testament war Gott ursprünglich der Stammesgott Israels, der durchaus in Konkurrenz trat zu den Göttern anderer Völker. Erst spät setzte sich in Israel durch das Wirken der Propheten die Auffassung durch, dass Jahwe nicht nur der Gott Israels sei, sondern der Gott aller Völker und damit der einzige Gott überhaupt. Es brauchte aber ein langes, über verschiedene Stufen sich hinziehendes Ringen, bis sich dieser strenge Monotheismus durchgesetzt hatte.

Charakteristisch für das biblische Gottesbild ist, dass dieser Gott Jahwe nicht nur die anonyme Urkraft hinter und in allen Dingen des Weltalls ist, ein «Es», das irgendwo über den Wolken schwebt, sondern ein Gott, den ich im Gebet anreden darf, und zwar in jeder Lebenslage, wie besonders schön der Gebetsschatz der Psalmen zeigt. Er ist ein Gott – das zeigt sich beispielhaft im Gleichnis Jesu vom guten Vater und vom verlorenen Sohn – der sich uns in Liebe zuwendet, «Er» ist ein «Du», an das ich mich wenden kann und das auch zu mir spricht. Er ist ein dialogischer Gott, weshalb der Mensch nach einem Buchtitel Karl Rahners «Hörer des Wortes» ist. Die Liebe dieses von Jesus ganz ins Zentrum seiner Botschaft gestellten Vatergottes ist so gross, dass sie alle Schuld und Sünde, ja, sogar den Tod überwindet (so die Botschaft von Jesu Kreuz und Auferstehung) und uns und die ganze jetzt noch so unheilvolle Welt zu sich in eine ewige

Erfüllung ruft, wo alle noch so grossen Sehnsüchte des menschlichen Herzens gestillt werden, so wie es Augustinus ausgesprochen hat: «Unruhig ist unser Herz, bis es ruht, o Gott, in dir.» (Bekenntnisse II,4)

Diese zentrale Lehre in der Botschaft Jesu hat aber eine zweite Ebene: Gottes Liebe will uns ihrerseits zur Liebe anstiften. Und so gilt denn seit alters das Doppelgebot der Liebe zu Gott und zum Mitmenschen als Kernpunkt der biblischen Ethik. Die Zehn Gebote (Exodus 20,2–17; Deuteronomium 5,7–21) und die Worte der Bergpredigt (Matthäus 5–7) bzw. Feldrede (Lukas 6,17–49) falten dieses Doppelgebot aus und stehen grundsätzlich vor diesem Hintergrund. Das gilt beispielsweise auch vom Verhältnis von Frau und Mann, das gilt von der Sexualethik und das gilt unter dem Stichwort «Solidarität» auch für die ethischen Normen, die sich auf das Verhältnis der Völker und Staaten zueinander beziehen, und in einem differenziert verstandenen Sinn auch für die Sozial- und Wirtschaftsethik.

Zweierlei sei noch ergänzt:
Gottes Liebe zu uns ist nicht direkt spürbar. Die Zeitgenossen Jesu erkannten sie in der Zuwendung des Menschen Jesus von Nazaret zu den Armen, Ausgestossenen und Kranken. Auch wir spüren sie vermittelt durch die Schöpfung, vor allem durch die Liebe und Fürsorge, die Menschen sich gegenseitig schenken.

Deshalb müssen die Kirchen und Gemeinden in erster Linie Orte sein, wo die Liebe glaubhaft gelebt wird. In diesem Sinne mahnen die Briefe des Neuen Testamentes die Adressaten mit immer neuen Worten zur geschwisterlichen Liebe, besonders eindrücklich im neutestamentlichen «Hohelied der Liebe», 1. Korintherbrief 13. Auch in unseren Tagen bleiben diese Formulierungen sprechend. So wählte Hans Urs von Balthasar für eines seiner Bücher, das sich mit dem signifikant Christlichen im Christentum befasst, den Titel «Glaubhaft ist nur Liebe» (Einsiedeln 1963, ⁶2000). Daneben sind alle anderen Lehren und Dogmen zweitrangig. Sie haben nur insoweit Berechtigung, als sie hinweisen auf das zentrale Dogma von der Liebe Gottes, wie sie in Jesus Christus erschienen ist.

Das moderne Wort für Liebe heisst «Solidarität». Sie ist besonders wichtig, damit die Liebe kein blosses Gefühl bleibt, sondern tatkräftige Hilfe meint, die den Nächsten zu einem ebenso menschlichen Leben verhilft, wie ich es mir selbst wünsche. Und diese Solidarität gilt in einer Welt, die immer mehr zusammenwächst, über alle Grenzen, Völker, Kulturen und Religionen hinweg. Nur Religionen und Kirchen, die eine solche solidarische Liebe verkünden und leben, sind glaubwürdig. Gemeinsam müssen sie gegen die Unkultur der Waffen und des Todes antreten und einstehen für eine Kultur der Menschlichkeit und des Lebens.

Das Stichwort Liebe, abgeleitet in inhaltlichem, nicht etymologischen Sinn, aus dem Urwort *abba* (Vater) habe ich als Mitte des christlichen Glaubens dargestellt. Wo diese Liebe wächst und heranreift, da wachsen und reifen das Reich und die Herrschaft Gottes unter uns, ebenfalls zentrale Begriffe der Botschaft Jesu. Diese Herrschaft Gottes ist jetzt erst bruchstückhaft erfahrbar. Noch steht ihr viel Unheilvolles und Böses im Weg. Unsere Welt ist eine Werde-Welt, der Kosmos ein Kosmos im Werden. Unsere Welt liegt sozusagen in schmerzhaften Geburtswehen. «Denn wir wissen, dass die gesamte Schöpfung bis zum heutigen Tag seufzt und in Geburtswehen liegt», sagt Paulus im Römerbrief 8,22. Wir dürfen deshalb hoffen und glauben, dass einst alle, auch all jene, denen es jetzt schlecht geht, die das Leben mehr erleiden als freudvoll leben können, am vollendeten Reich Gottes teilnehmen dürfen.

Warum wir Menschen und die Welt so voller Unglück und Boshaftigkeit sind, wissen wir nicht. Die Frage nach der Rolle Gottes dabei (die Theodizee-Frage) wird für immer ungelöst bleiben.

Ausführlicher mit der Theodizee-Frage beschäftigt habe ich mich im Kapitel «Der rätselhaft Gott – Überlegungen zur Theodizee» im Buch «Theologie am Nachmittag: die Bibel lesen und deuten», Zürich 2010, 76–99.

Der italienische Schriftsteller Ignazio Silone lässt in seinem Roman «Brot und Wein» die Oberin eines

Frauenklosters aus dem Kloster austreten und sich ganz den Armen widmen. Eines Tages begegnet ihr in den Gassen Neapels eine ehemalige Mitschwester und fragt sie: «Glauben Sie noch an Gott?» «Mir bleibt die Hoffnung», gibt diese leiderfahrene Frau zur Antwort.

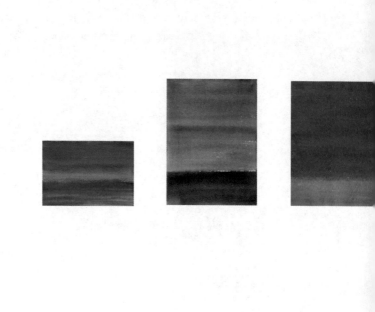